VORWORT

Es ist gerade in Zeiten der Globalisierung schwer für eine jede Stadt, ihren Charakter, ja im besten Fall ihren ganz eigenen Charme zu bewahren, der sie letztendlich unterscheidbar macht von den vielen anderen Metropolen dieser Welt. Das gilt auch und nicht zuletzt für die bayerische Landeshauptstadt. Und natürlich ist das München von heute nicht mehr das München etwa der 1980er-Jahre, wie es sich noch in Fernsehserien wie „Monaco Franze" oder „Kir Royal" betrachten lässt, nicht mehr das München der Olympischen Spiele 1972, nicht mehr das München der Kriegs- und Nachkriegszeit, nicht mehr das München der auch hier nicht immer Goldenen Zwanziger oder gar das München jener märchenhaft anmutenden bayerischen Könige und Kurfürsten.

Aber dennoch gibt es auch heute noch so etwas wie einen ganz bestimmten Gemütszustand, ein besonderes Münchner Lebensgefühl, das die meisten Einheimischen ganz unwillkürlich in sich tragen und nach dem seine Besucher fernab des üblichen touristischen Bajuwarenkitsches suchen – und glücklicherweise oft genug auch immer noch finden. Eine kleine Idee vom guten Leben sozusagen, die sich fast automatisch einstellt, egal ob man auf dem Marienplatz den Hals in Richtung Glockenspiel reckt, im Sommer durch den überbordend grünen Englischen Garten streift, sich am Isarufer ein Bier aufmacht oder in Giesing, Schwabing oder Sendling einfach nur ein Schwätzchen hält.

Und am besten lässt sich dieser speziellen Münchner Stimmung wohl nachspüren, indem man die Stadt zu Fuß erkundet. Auf unseren zwölf Spaziergängen lernen wir daher nicht nur die berühmte Altstadt mit ihren so typischen Sehenswürdigkeiten kennen, sondern bekommen auch Eindrü-

Marko Roeske

Zu Fuß durch MÜNCHEN

12 Spaziergänge

Droste Verlag

AUS DEM INHALT

Zu Fuß durch MÜNCHEN

cke vom Stadtteil Lehel sowie dem Gärtnerplatz- und dem Glockenbachviertel, besuchen die Maxvorstadt und Schwabing, entdecken Bogenhausen, Haidhausen, Giesing und die Au. Wie grün die bayerische Landeshauptstadt zudem ist, lässt sich eben im Englischen Garten oder im Westpark, aber auch im Olympiapark und im Schlosspark Nymphenburg erleben.

Dass München dabei wohl tatsächlich das häufig in eher boshafter Absicht zitierte Millionendorf ist, gereicht dem wackeren Spaziergänger in diesem Fall sogar zum Vorteil: Denn alle zwölf Rundkurse – und insbesondere die vier Touren durch die Altstadt – lassen sich problemlos und meist direkt miteinander verbinden. Und sollte dies doch einmal nicht alleine zu Fuß möglich sein, so ist kein Start- und Zielpunkt einer Route weiter als ein paar U-Bahn-Stationen, Bus- oder Tramhaltestellen vom anderen entfernt. Auch wurde bewusst darauf verzichtet, die Spaziergänge streng innerhalb irgendwelcher Stadtbezirks- oder Stadtteilgrenzen einzuhegen. Vielmehr sollen die Rundkurse einen möglichst umfassenden Eindruck der (laut Selbstauskunft) „Weltstadt mit Herz" vermitteln, jener stolzen Metropole, die zwar augenscheinlich um ihre politische, wirtschaftliche und kulturelle Bedeutung und zudem auch um ihre nicht zu leugnende Schönheit weiß – es aber trotzdem immer wieder schafft, dabei lebens- und liebenswert zu bleiben. Und die Chancen stehen gut, dass sich dies trotz all der Veränderungen in der Welt drumherum so schnell auch nicht ändern wird.

Ihr Marko
Roeske

1 NÖRDLICHE ALTSTADT UND HOFGARTEN

Start/Ziel: Odeonsplatz, 80539 München (GPS: 48.142890, 11.577485)
Länge: ca. 2,5 Kilometer
Dauer: ca. 1,5 Stunden
ÖPNV: U-Bahn-Linien U3, U4, U5 und U6, Buslinien 100 und 153
Parken: Parkhaus Salvatorgarage (Salvatorplatz 1)
oder Operngarage (Max-Joseph-Platz 4)

Unterwegs entdeckt:

1 Odeonsplatz
2 Wittelsbacherplatz
3 Maximiliansplatz
4 Wittelsbacher Brunnen
5 Promenadeplatz
6 Max-Joseph-Platz
7 Residenz
8 Feldherrnhalle
9 Theatinerkirche
10 Hofgarten
11 Kriegerdenkmal
12 Bayerische Staatskanzlei

Essen + Trinken:

Tambosi, Odeonsplatz 18, 80539 München,
Tel. 0 89/23 06 93 60, www.tambosi-odeonsplatz.de
(entstanden aus einem Kaffeehaus von 1810)

Elly Seidl Pralinen, Maffeistraße 1, 80333 München,
Tel. 0 89/8 64 66 76 80, www.ellyseidl.com
(Schokoladenmanufaktur seit 1918)

Pfälzer Weinstube, Residenzstraße 1, 80333 München,
Tel. 0 89/2 42 29 10, www.pfaelzerweinstube.de
(kulinarische Reminiszenz an die bis 1946 zu Bayern gehörende Pfalz)

Gelebte Geschichte

Die Altstadt umfasst den historischen Stadtkern Münchens, wie er vor allem durch die ehemalige Stadtbefestigung – und hier besonders durch die zweite Stadtmauer – vorgegeben wurde. Von dieser Befestigung ist heute bis auf die drei noch bestehenden Stadttore leider kaum mehr etwas zu erkennen, seit deren schützende Funktion ab dem Ende des 18. Jahrhunderts stetig an Bedeutung verlor und die Kernstadt im weiteren Verlauf auch immer mehr mit den angrenzenden, lange Zeit noch selbstständigen Gemeinden verschmolz. An wohl kaum einem anderen Ort in der Stadt trifft man aber so geballt auf große Münchner Geschichte und kleine Münchner Geschichten wie hier in der nördlichen Altstadt.

Ausgangspunkt für unseren Spaziergang ist der altehrwürdige **Odeonsplatz 1,** der – als offizieller Straßenname – das südliche Ende der berühmten Ludwigstraße markiert, die im Norden auf Schwabinger Boden noch als nicht weniger bekannte Leopoldstraße firmiert. Gemeinhin wird aber auch der weite Platz vor der Feldherrnhalle, der westlich von der Theatinerstraße und östlich von der Residenzstraße flankiert wird, als Odeonsplatz bezeichnet.

Der Odeonsplatz mit der Feldherrnhalle markiert das südliche Ende der Ludwigstraße.

Dieser für München so prägende Platz bezog seinen etwas ungewöhnlich klingenden Namen vom angrenzenden **Odeon,** das bei seiner Eröffnung 1828 bewusst den antiken Begriff für ein Gesangs- oder Konzerthaus wiederaufgriff. Sein Ball- und Konzertsaal war damals in der ganzen Welt berühmt für die außerordentlich gute Akustik. Das vom bayerischen Hofarchitekten Leo von Klenze konzipierte Gebäude wurde allerdings – wie leider so viele Münchner Kulturbauten – im Zweiten Weltkrieg fast komplett zerstört. Seit dem Wiederaufbau in den 1950er-Jahren beherbergt es das Bayerische Innenministerium, an die Stelle des großen Saales trat nun ein lichtdurchfluteter Innenhof.

Ludwigstraße mit Blick auf die Feldherrnhalle

Vor dem Odeon präsentiert ein **Reiterstandbild König Ludwig I.** (1786–1868) hoch zu Ross, den Bauherrn so vieler repräsentativer Gebäude in München, hier begleitet von zwei Pagen. Die beiden seien auch bitter nötig gewesen, wurde im Volk bei der Enthüllung des Denkmals 1862 – also erst 14 Jahre nach Ludwigs Abdankung – gemutmaßt, galten doch die reiterischen Fähigkeiten des Monarchen nicht als seine allergrößte Stärke.

Wir widerstehen für den Moment noch der Versuchung, gleich nach links in den Hofgarten einzuschwenken oder den lang gestreckten Vorplatz der Feldherrnhalle zu beschreiten, sondern biegen nach rechts in die **Brienner Straße** ein. Diese ist neben der erwähnten Ludwigstraße, der Maximilianstraße und der Prinzregentenstraße eine der vier Münchner Prachtstraßen und soll an die Schlacht von Brienne erinnern, eine reichlich blutige Auseinandersetzung aus der Zeit der Befreiungskriege gegen Napoleon.

Folgt man der Brienner Straße, öffnet sich nach kurzer Zeit zur Rechten der **Wittelsbacherplatz 2**, in dessen Mitte schon das nächste **Reiterstandbild** auf Bewunderer wartet: Es entstammt einem Entwurf des dänischen Bildhauers Bertel Thorvaldsen und kündet seit 1839 von der Herrlichkeit **Maximilians I.** (1573–1651). Der Herzog von Bayern und spätere Kurfürst des Heiligen Römischen Reiches war ein eifriger Reformer – wenn durchaus auch mit absolutistischen Mitteln –, der seinem unruhigen Bayernland zunächst Konsolidierung nach innen brachte, um sich dann umso beherzter der Außenpolitik zu widmen. So integrierte er etwa – unter

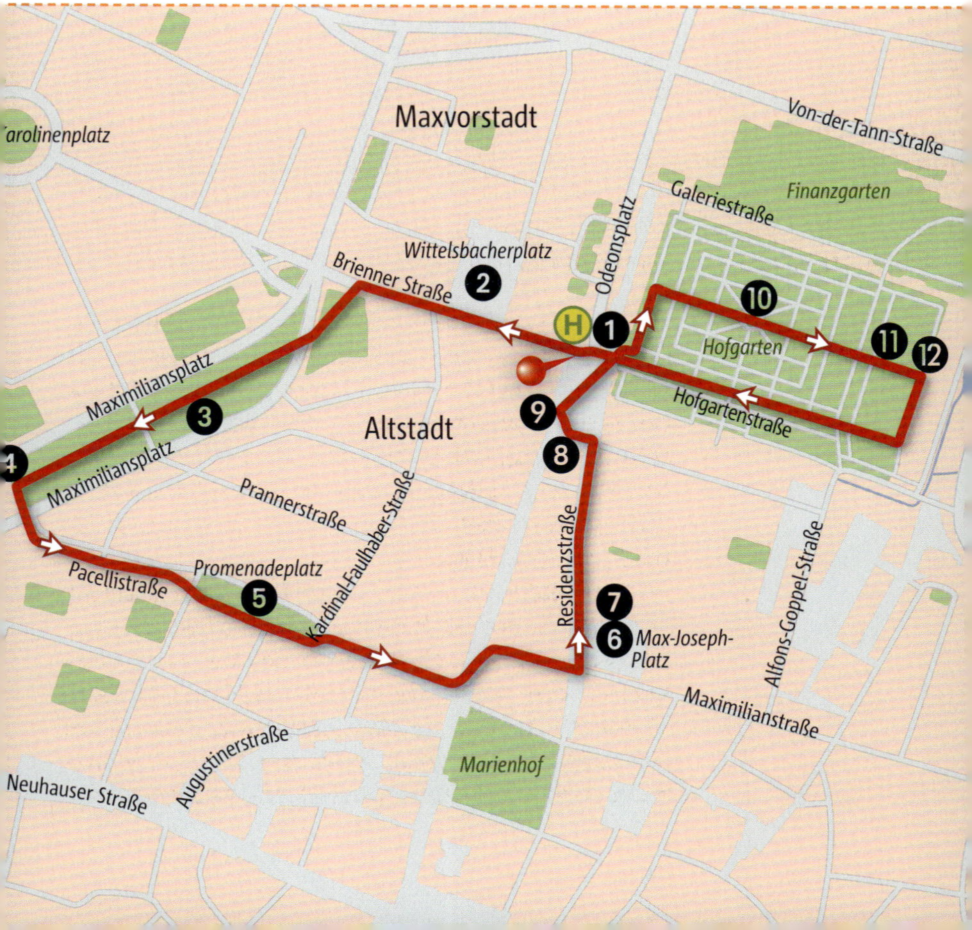

leichtem militärischen Druck – die Oberpfalz nach Bayern und machte diese im Zuge der Gegenreformation wieder katholisch.

Der Wittelsbacherplatz wird an seiner Ostseite vom Odeon eingegrenzt. Geht man übrigens behänd an diesem herrschaftlichen Gebäude vorbei und verlässt den Wittelsbacherplatz gen Norden gleich wieder über die Kardinal-Döpfner-Straße, stößt der geneigte Spaziergänger nach ein paar Metern noch auf ein ganz anderes Monument glorreicher bayerischer Geschichte: Hier erinnert eine Stele an den Gründungsort des im Jahr 1900 ins Leben gerufenen „Fußball-Club Bayern".

Auf dem Wittelsbacherplatz gibt Kurfürst Maximilian I. die Richtung vor.

An der Nordseite des Wittelsbacherplatzes residiert das **Palais Ludwig Ferdinand,** das wohl auch aus praktischen Erwägungen nur nach den ersten beiden Vornamen eines vormaligen Prinzen benannt wurde. Ludwig Ferdinand Maria

Kurfürst Maximilian I. vor dem Palais Ludwig Ferdinand

Karl Heinrich Adalbert Franz Philipp Andreas Konstantin (1859–1949) war aber nicht nur Prinz von Bayern und Infant von Spanien, sondern auch General, Chirurg, Musiker und leidenschaftlicher Fahrrad- und Motorradfahrer in einer Person. Merken kann man sich das Gebäude heute aber vielleicht einfacher als Hauptsitz der Siemens AG, die im Laufe der Jahre ein ebenso monumentales, wenn auch architektonisch deutlich moderneres Verwaltungsgebäude im Hintergrund an das Palais Ludwig Ferdinand angliederte.

Gen Westen wird der Wittelsbacherplatz vom **Palais Arco-Zinneberg** abgeschlossen. Das klassizistische Gebäude wurde nach schweren Bombentreffern im Zweiten Weltkrieg fast komplett abgetragen und Ende der 1950er-Jahre wieder neu errichtet. Es befindet sich immer noch im Besitz der alten Adelsfamilie Arco.

Wir folgen der Brienner Straße noch ein kurzes Stück, überqueren diese dann an der nächsten Ampel und stehen nun vor einem massigen Büro- und Geschäftshaus mit dem etwas sperrigen Namen **Luitpoldblock,** das vor allem durch das namensgebende **Café Luitpold** geprägt wird – einem traditionellen Kaffeehaus, das seine bewegte Geschichte hier vor Ort auch in „Münchens kleinstem Museum" nachzeichnet.

Ein Stück weiter die Straße entlang liegt hinter dem Luitpoldblock der **Platz der Opfer des Nationalsozialismus** – unweit des früheren Standortes des 1944 durch Luftangriffe schwer beschädigten und 1964 endgültig abgerissenen Wittelsbacher Palais, das den Nazis als Gestapo-Hauptquartier diente. Obwohl es sich bei diesem Platz um einen offiziellen Straßennamen handelt, wurden rundherum bewusst keine Hausnummern vergeben – somit gibt es auch keine Postanschriften mit dieser Adresse. In der Mitte der Freifläche lodert seit 1985 ein in ein Gitter eingekerkertes ewiges Licht aus einer Basaltstele des Bildhauers Andreas Sobeck, vorher erinnerte ein Gedenkstein aus Granit des Münchner Künstlers Karl Oppenrieder an die „Opfer im Widerstand gegen den Nationalsozialismus". Dieser Stein steht mittlerweile auf dem Platz der Freiheit in München-Neuhausen.

Über eine Ampel geht es hinüber zum **Maximiliansplatz 3.** Dieser ist seit geraumer Zeit allerdings eher eine Art Parkanlage als ein offener Platz und liegt wie eine grüne Insel inmitten zweier lang gestreckter doppelspuriger Straßen gleichen Namens. Den Besucher empfängt zunächst eine etwas pathetisch wirkende **Bronzestatue Friedrich Schillers** (der selbst allerdings nie in München weilte) mit kühnem Blick und der linken Hand auf der Brust – eine Auftragsarbeit von Ludwig I. an Max von Widnmann. Schillers Dichterkollege Goethe fand seine bronzene Entsprechung übrigens ganz in der Nähe in der kleineren Parkanlage nördlich des Wittelsbacher Brunnens (Ecke Ottostraße).

Schillerdenkmal am Maximiliansplatz

Auf geschwungenen Wegen geht es vorbei am Nereïden-Brunnen – dargestellt sind zwei rückenschwimmende Nymphen aus der griechischen Mythologie –, der aber nach einem Münchner Komponisten des 20. Jahrhunderts offiziell **Karl-Amadeus-Hartmann-Brunnen** getauft wurde.

Fast Aug in Aug, aber wie die gesamte Parkanlage durch eine Querstraße getrennt, blicken sich im weiteren Verlauf unseres Weges zwei große Chemiker gegenseitig ins Antlitz. Wobei die **Standbilder** der Herren **von Liebig** und **von Pettenkofer** eigentlich streng genommen eher Sitzbilder sind, da die in München wirkenden und auch beerdigten Naturwissenschaftler beide auf einem Stuhl thronend dargestellt wurden.

Der Wittelsbacher Brunnen präsentiert die wohl imposantesten Wasserspiele in der Innenstadt.

Den Abschluss des Maximiliansplatzes nach Südwesten hin bildet der 1895 von Adolf von Hildebrand fertiggestellte imposante klassizistische **Wittelsbacher Brunnen 4,** mit dem die Stadt München den Anschluss an die neue Wasserleitung aus dem Mangfalltal zwei Jahre zuvor gewürdigt sehen wollte. Dieser Brunnen ist übrigens nicht zu verwechseln mit dem Wittelsbacher-Brunnen (mit Bindestrich geschrieben) im Brunnenhof der Residenz. Nach schweren Kriegsschäden wurde der Wittelsbacher Brunnen durch den Hildebrand-Schüler (und nebenbei auch dessen Schwiegersohn) Theodor Georgii wiederhergestellt und verrichtet seit 1952 nun wieder seinen Dienst als wohl repräsentativster Brunnen der gesamten bayerischen Landeshauptstadt.

Mit dem Rücken zum Brunnen werfen wir noch einen Blick auf das zumeist aus dem 19. Jahrhundert stammende Häuserensemble des vor uns liegenden **Lenbachplatzes** und überqueren dann nach links (am Wasserstier des Brunnens vorbei) die Ampel in Richtung Pacellistraße. Diese ist übrigens benannt nach dem bürgerlichen Nachnamen des späteren Papstes Pius XII. (Pontifikat: 1939–1958), der zuvor auch acht Jahre lang als Nuntius (Botschafter des Heiligen Stuhls) in München weilte.

Wittelsbacher Brunnen

Auf der gegenüberliegenden Straßenseite fällt sogleich ein hoher Turm auf, der architektonisch trotz der ähnlichen Farbgebung so gar nicht zu dem modernen Verwaltungsgebäude (dem Amtsgericht) dahinter passen will. Es handelt sich hierbei um den **Maxturm,** das letzte Überbleibsel der so-

Gedenkstätte für Michael Jackson am Promenadeplatz

genannten Maxburg, die den Wittelsbachern jahrhundertelang als Wohnsitz diente und die ebenfalls den Bomben des Zweiten Weltkriegs zum Opfer fiel.

Wir folgen der Pacellistraße und den parallel verlaufenden Straßenbahnschienen vorbei an der **Dreifaltigkeitskirche,** einer Klosterkirche nach Plänen von Giovanni Antonio Viscardi aus dem Jahr 1715, und gelangen auf den **Promenadeplatz 5.** An dessen linker Flanke befindet sich der weltbekannte **Bayerische Hof,** nicht nur das erste Haus am Platz, sondern neben dem Hotel Vier Jahreszeiten in der Maximilianstraße wohl auch der ganzen Stadt. Wir allerdings wählen den Fußweg auf dem Grünstreifen in der Mitte des Platzes und flanieren wieder an diversen Denkmälern großer Persönlichkeiten vorbei. Als da wären: der Theologe und Schriftsteller Lorenz Westenrieder, der Komponist Christoph Willibald Gluck, Kurfürst Maximilian II. Emanuel, der Komponist Orlando di Lasso und der Staatsreformer Maximilian Freiherr von Montgelas, wobei dessen riesiges Sechs-Meter-Standbild, das am Stück aus einem Aluminiumblock gefräst wurde und ohne Sockel auskommt, optisch deutlich aus der Reihe fällt. Was – allerdings aus anderen Gründen – mittlerweile auch für das Denkmal di Lassos gilt: Seit dem Tod von Michael Jackson im Jahr 2009 hat sich die Statue zur Gedenkstätte für den US-amerikanischen Popstar mit allerlei Postern, Blumenschmuck und Kerzen entwickelt. Hintergrund ist die Nähe des Standbilds zum Eingang des Bayerischen Hofes, in dem Jackson bei seinen Besuchen in München des Öfteren nächtigte.

Am Promenadeplatz machten Fans aus dem Denkmal von Orlando di Lasso eine Gedenkstätte für Michael Jackson.

Weiter geht es entlang der Straßenbahnschienen in die Fußgängerzone der Maffeistraße, vorbei an etlichen Modeläden und Cafés inklusive des Eingangs zu den **Fünf Höfen** – einem durchaus nicht eben unexklusiven Einkaufsparadies für den gehobenen Geschmack. Auch die **Kunsthalle** München ist in diesem Gebäudekomplex beheimatet (Eingang über die Theatinerstraße). Wir folgen den Schienen hinüber in die Perusastraße, an deren Übergang in die berühmte Maximilianstraße sich der **Max-Joseph-Platz 6** mit dem Denkmal für den ersten bayerischen König – mehr oder weniger von Napoleons Gnaden – Maximilian I. Joseph (1756–1825) öffnet. Der Platz selbst wurde ebenfalls vom Münchner Hofarchitekten Leo von Klenze entworfen, damals aber vermutlich noch ohne die nur dürftig versteckte Tiefgarageneinfahrt.

An der Südseite findet sich das nach florentinischem Vorbild geschaffene **Palais Toerring-Jettenbach** mit seiner charakteristischen Säulenhalle, das lange Zeit auch als Haupt- beziehungsweise Residenzpost der Landeshauptstadt diente. Heute eröffnet es mit seinen exklusiven Büro- und Geschäftsräumen die Reihe an sündhaft teuren Immobilien, für welche die hier beginnende Maximilianstraße fast schon sprichwörtlich steht.

Die Westseite des Platzes an der **Residenzstraße** ist hochstöckigen Bürgerhäusern vorbehalten, während die Ost-

Max-Joseph-Platz

seite vom wuchtigen, an einen griechischen Tempel erinnernden **Nationaltheater** dominiert wird, an das sich gen Norden noch das im Vergleich geradezu bescheiden wirkende **Residenztheater** (oder kurz: „Resi") anschließt. Beide Häuser haben eine lange, bewegte Geschichte mit etlichen Bränden und Kriegsschäden hinter sich. Das Nationaltheater ist Heimstatt für das Bayerische Staatsorchester beziehungsweise die Bayerische Staatsoper und das Bayerische Staatsballett, das Residenztheater beherbergt das Bayerische Staatsschauspiel.

Residenz und Theatinerkirche

Auch vom Hofgarten aus lassen sich die Residenz und die Theatinerkirche bewundern.

Im Norden des Max-Joseph-Platzes residiert – und wohl selten passte dieses Verb besser – schließlich der sogenannte Königsbau der Münchner **Residenz 7**. Ausgehend von einer Burg der Stadtbefestigung erweiterten die diversen Herzöge, Fürsten, Kurfürsten und Könige von Beginn des 16. Jahrhunderts an Stück für Stück ihren Wohn- und Regierungssitz mit seinen typischen Innenhöfen und Festsälen bis zu seiner heutigen Größe. Doch auch die Residenz fiel zu weiten Teilen den Bomben zum Opfer, wurde aber ab 1945 wiederaufgebaut und gilt heute mit ihren diversen Sammlungen als einer der bedeutendsten Museumskomplexe weltweit.

Am Königsbau vorbei geht es über die Residenzstraße weiter zur Feldherrnhalle und somit wieder zurück in Richtung Odeonsplatz. Kurz vor dem Preysing-Palais, dessen Nordseite sich an die Feldherrnhalle quasi anschmiegt, zweigt vorher die Viscardigasse nach links ab, von der später noch die Rede sein wird.

Je nach Perspektive wurde die **Feldherrnhalle 8** als angemessener Beginn der prächtigen Ludwigstraße oder eben

Feldherrnhalle

als deren pompöser Endpunkt geplant und schließlich von 1841 bis 1844 auch gebaut. Dabei orientierte sich ihr Architekt Friedrich von Gärtner kaum verhohlen an der florentinischen Loggia dei Lanzi.

Wenn auch nach italienischem Vorbild geschaffen, ist die Feldherrnhalle doch eine Münchnerin durch und durch.

Die Münchner Halle aus Kalkstein ist dem so ruhmreichen bayerischen Militär gewidmet. Bewacht von zwei Löwen am Treppenaufgang zieht in der Mitte der offenen Halle das sogenannte Bayerische Armeedenkmal die Blicke auf sich, bei dem ein spärlich bekleideter, allerdings eher klassisch-antik als bajuwarisch anmutender Held die Figur der Bavaria zu beschützen sucht. Links und rechts des Denkmals finden sich in der ansonsten recht aufgeräumt wirkenden Loggia die Standbilder der bayerischen Feldherren Graf Tilly und Fürst Wrede – obwohl die beiden Heerführer wohl auch nicht immer so ganz ernst genommen wurden: „[…] errichtet den beiden größten bayerischen Feldherren Tilly und Wrede, von denen der eine kein Bayer und der andere kein Feldherr war", heißt es etwa in Lion Feuchtwangers Schlüsselroman „Erfolg". Dieser spielt in den 1920er-Jahren und schildert das gesellschaftliche Umfeld in München in den Jahren vor der Machtergreifung der Nationalsozialisten, für welche die Feldherrnhalle als Symbol eine ganz besondere Rolle einnahm – endete hier doch am 9. November 1923 der sogenannte Hitler-Ludendorff-Putsch in einem Blutbad. Beim Marsch auf die Feldherrnhalle starben nicht nur vier Polizisten und ein unbeteiligter Passant, sondern auch 16 später so betitelte „Blutzeugen der Bewegung". Nach der Machtergreifung der NSDAP 1933 wurde diesen mit einer Tag und Nacht besetzten SS-Ehrenwache an der Ostseite der Feldherrnhalle gedacht und von den vorbeikommenden Bürgern eine entsprechende Ehrbezeugung erwartet. Wer diese Geste vermeiden wollte, bog von der Residenz kommend vorher über die Viscardigasse in die Theatinerstraße ab, um so über die Westseite der Feldherrnhalle auf den Odeonsplatz zu gelangen. Auf diese Weise erwarb sich die Viscardigasse im Volk auch recht schnell den Beinamen „Drückebergergasse", unter der sie heute fast bekannter ist als unter ihrer offiziellen Bezeichnung.

Dianatempel im Hofgarten

Unübersehbar mit ihrer gelben Fassade baut sich im Westen des Odeonsplatzes schließlich noch die imposante **Theatinerkirche 9** auf – benannt nach einem ursprünglich italienischen Männerorden aus der Ortschaft Teate (oder auch: Theatinum), dem heutigen Chieti –, deren offizielle Bezeichnung allerdings selbst vielen Einheimischen nicht unbedingt geläufig sein dürfte: Sankt Kajetan. An die 100 Jahre blieb das 1675 geweihte Gotteshaus ohne vollendete Außenfassade, ehe erst François de Cuvilliés der Ältere und später sein gleichnamiger Sohn die Rokoko-Elemente der Außenwand schufen. Weitere Besonderheiten der Theatinerkirche sind der ganz in Weiß gehaltene Innenraum mit seinem prächtigen Hochaltar und die Fürstengruft, in der unter anderem die Könige Maximilian I. Joseph und Maximilian II. Joseph sowie Prinzregent Luitpold ihre letzte Ruhe fanden.

Kriegerdenkmal (vorne) und Staatskanzlei

Von der Theatinerkirche geht es schräg über den Odeonsplatz zum Eingangstor des **Hofgartens 10** – jenes war übrigens die erste Auftragsarbeit Leo von Klenzes in München. Durch das Tor schreiten wir hinein in eine wahrlich liebreizende Gartenanlage, die im frühen 17. Jahrhundert im Zuge der Erweiterungsarbeiten der Residenz unter Herzog Maximilian I. entstand. An seiner westlichen und seiner nördlichen Flanke ist der Hofgarten durch lang gestreckte Arkadengänge eingehegt, im Osten durch die Bayerische Staatskanzlei und im Süden durch die Residenz selbst. Zentraler Punkt des Hofgartens ist der **Dianatempel,** ein aus der Renaissancezeit stammender Pavillon, dessen acht offene Rundbogenarkaden die Ausgangspunkte der Fußwege des Parks markieren und somit auch den Grundriss des Hofgartens entscheidend bestimmen. Im Tempel spielen oft Straßenmusiker auf, und über das filigrane Bodenmosaik drehen sich im Sommer auch schon einmal Tangotänzer zu südamerikanischen Klängen.

Vom Dianatempel aus wenden wir uns nach Osten und verlassen die Gartenanlage wieder. Vor uns erscheint die mächtige Bayerische Staatskanzlei mit dem davor gelagerten **Kriegerdenkmal 11.** Obwohl dieses etwas abgesenkt auf gleicher Höhe mit der Staatskanzlei liegt, ist es offiziell noch

Das Herz der Weltstadt

Historisch gesehen lässt sich die Münchner Innenstadt in vier verschiedene Viertel einteilen: in das Kreuzviertel im Nordwesten, das Graggenauviertel im Nordosten, das Hackenviertel im Südwesten und das Angerviertel im Südosten. Und auch wenn der Westen der Altstadt den Schwerpunkt dieses Spaziergangs bildet, werden dabei doch alle vier Viertel der Innenstadt – und sei es nur für ein paar Straßenzüge – miteinbezogen. Wahrscheinlich dürfte auch die Touristendichte hier am und um den Marienplatz als dem unbestrittenen Zentrum der Landeshauptstadt am höchsten sein. Was aber nicht heißen soll, dass die Einheimischen selbst ihre geliebte Altstadt meiden würden – ganz im Gegenteil.

Um den alten Münchner Spruch gleich zu Beginn unseres Spaziergangs zu würdigen: Nein, vom **Karlsplatz** 1 zum **Stachus** ist es wirklich nicht allzu weit – bezeichnen beide Namen doch exakt denselben Ort. Unter Verkürzung seines Vornamens nannte nämlich zunächst der Münchner Wirt Euchstachius Föderl Mitte des 18. Jahrhunderts seine dortige Gaststube der Einfachheit halber „Zum Stachus". Ebenso bediente sich der Pfalzgraf Karl Theodor (1724–1799), der ab 1777 als Kurfürst Karl II. auch die mit der Pfalz politisch verbundenen Bayern regierte, ein paar Jahrzehnte später seines eigenen Vornamens, um den durch ihn neu gestalteten Platz standesgemäß zu betiteln. Da der Kurfürst jedoch ein „Zuagroaster" war, der seine neue Heimat immer auch ein wenig als willfährige politische Spielmasse sah und sich darüber hinaus auch noch den neumodischen Idealen der Aufklärung verpflichtet fühlte, wurden seine bayerischen Untertanen mit ihm und damit auch mit der offiziellen Bezeichnung für ebenjenes Areal in der westlichen Innenstadt bis heute nie so richtig warm.

Doch egal, welchen Namen man bevorzugt: Der Platz mit seinen im Halbrund angeordneten Rondellbauten und dem großzügig dimensionierten Springbrunnen in der Mitte ist bis heute Anziehungspunkt sowohl für Touristen als auch für Einheimische – und das mittlerweile glücklicherweise ohne jenen lärmenden Straßenverkehr, der ihn bis zur Umwidmung zur Fußgängerzone im Rahmen der Olympischen Spiele 1972 zeitweise zum verkehrsreichsten Knotenpunkt Europas gemacht hatte. So rührt beispielsweise die bayerische Redewendung „Da geht's zu wie am Stachus", mit der allgemein ein sehr geschäftiges Treiben beschrieben wird, noch aus dieser bewegten Zeit.

Der riesige Springbrunnen ist die Hauptattraktion am Stachus.

Der Stachus ist der ideale Ausgangspunkt für einen Bummel durch die weitere Fußgängerzone in Richtung Marienplatz, wozu zunächst einmal das **Karlstor 2** durchschritten werden muss. Als eines von drei noch erhaltenen Stadttoren (neben dem Isartor und dem Sendlinger Tor) trug dieses bis 1791 noch den Namen Neuhauser Tor, ehe besagter Karl Theodor ihm – übrigens noch vor dem Karlsplatz selbst – seinen guten Namen übertrug. Die heute so typisch erscheinenden, im neugotischen Stil geschaffenen Zinnentürme des Tors waren ursprünglich allerdings im wahrsten Sinne des Wortes nur schmückendes Beiwerk, flankierten sie doch lediglich den eigentlichen Hauptturm in der Mitte, der allerdings 1857 nach

Springbrunnen am Stachus

schon mindestens 200 Jahre zuvor erbaut worden war. Jörg Ganghofer aus Halsbach schuf die spätgotische Frauenkirche als verantwortlicher Baumeister in der relativ kurzen Zeit von nur 20 Jahren, die für sie so typische Dachkonstruktion der Türme („Welsche Hauben") folgte allerdings erst rund 30 Jahre später. Im 19. Jahrhundert gab es Pläne, die Hauben durch neogotische Spitzhelme oder an der Renaissance orientierte, deutlich verspieltere Haubendächer zu ersetzen. Hätte sich eines dieser Vorhaben durchgesetzt: Unser Blick auf München wäre heute buchstäblich ein anderer.

Der Innenraum der Frauenkirche mit seinen hohen Fenstern, schlanken Pfeilern und zahlreichen Kapellen erlebte hingegen mehr als einmal eine der jeweiligen Epoche geschuldete Umgestaltung. Vor allem während der Regotisierung ab der zweiten Hälfte des 19. Jahrhunderts gingen dabei unter anderem auch etliche religiöse Kunstschätze der Renaissance und des Barocks verloren. Bis zum heutigen Tage verblieben sind hingegen die sterblichen Überreste vieler weltlicher und geistlicher Münchner Würdenträger in der

Mit ihren typischen Hauben ist die Frauenkirche das wohl bekannteste Gotteshaus der Stadt.

Frauenkirche

Marienplatz

Krypta des Gotteshauses – darunter wie in Sankt Michael auch die vieler Herrscher aus dem Hause Wittelsbach, so zum Beispiel von Ludwig III., dem letzten König von Bayern.

Über den Frauenplatz mit seinem beliebten Wasserglockenbrunnen (im Volksmund auch: Wasserpilzebrunnen) und die kurze Liebfrauenstraße geht es im Halbkreis zurück in die Fußgängerzone, die hier bereits Kaufingerstraße heißt. Und nach etwa 150 Metern weitet diese sich schließlich zum unangefochtenen Zentrum der Münchner Innenstadt: dem **Marienplatz 6**.

Dieser lag (und liegt) genau im Schnittpunkt der vier Münchner Stadttore: in Ost-West-Richtung entlang der alten Salzstraße zwischen Isartor und Karlstor und in Süd-Nord-Richtung zwischen Sendlinger Tor und dem nicht mehr bestehenden Schwabinger Tor, das bis ins frühe 19. Jahrhundert in etwa auf Höhe der heutigen Feldherrnhalle stand. Diese zentrale Lage macht auch die ursprüngliche Bedeutung als klassischer Marktplatz deutlich, seinen heutigen Namen erhielt der Marienplatz erst im Jahr 1854.

Der Marienplatz mit dem Neuen Rathaus ist das viel besuchte Zentrum Münchens.

Dominiert wird der Platz vom **Neuen Rathaus 7** an seiner Nordseite. Wobei der Begriff „neu" den architektonisch nicht so bewanderten Betrachter erst einmal verwirren dürfte, wirkt der monumentale Bau mit seiner fast 100 Meter breiten Hauptfassade doch auf den ersten Blick, als hätte er mindestens 500 Jahre auf dem Buckel. In Wahrheit entstand das Neue Rathaus in drei Bauabschnitten erst zwischen 1867 und 1909 – und zwar im seinerzeit sehr beliebten neogotischen Stil, der ihm dann auch den Anschein eines so würdevollen Alters verlieh. Orientiert hatte sich sein Architekt Georg von Hauberrisser wohl unter anderem am ebenfalls neogotischen Wiener Rathaus und dem Brüsseler Stadhuis, das allerdings tatsächlich aus dem 15. Jahrhundert stammt.

Im Grunde wenig spektakulär, aber für die allermeisten Gäste immer noch Pflichtprogramm beim Besuch des Marienplatzes ist das **Glockenspiel** in einem doppelstöckigen Erker des Rathausturms. Jeweils um 11 und 12 Uhr (von März bis Oktober um eine Vorstellung um 17 Uhr erweitert) ver-

Turm des Alten Rathauses von Osten

sammeln sich die Menschen am Rathaus und recken die Hälse, um hoch über sich in der oberen Etage Szenen einer bevorstehenden Ehe zu beobachten. Dargestellt von den 16 bunt bemalten Figuren wird zu mehr oder weniger harmonischen Glockenklängen die Vermählung des späteren Herzogs Wilhelm V. von Bayern (1548–1626) mit Renata von Lothringen im Jahre 1568 – inklusive eines Ritterturniers und allem anderen, was zu einer zünftigen Hochzeit eben so dazugehört. Auf der unteren Ebene beginnen sich danach – ebenfalls von Glockenklang begleitet – die Schäffler (Fassmacher) zu ihrem traditionellen Tanz zu drehen. Um 21 Uhr gibt es dann in zwei seitlichen Erkern noch quasi eine Gutenachtgeschichte, in der das Münchner Kindl, das Symbol der Stadt München, vom Nachtwächter zur Linken und seinem Schutzengel, mit dem es sich den rechten Erker teilt, zur Nachtruhe geleitet wird: damit München nun ruhig schlafen kann.

Über ihr Bayernland wachen soll auch die güldene Patrona Bavariae auf der **Mariensäule.** Wobei sie zumindest einen Teil ihrer Arbeit schon vorher erledigt zu haben scheint, wurde das Standbild doch ursprünglich von Kurfürst Maximilian I. (1573–1651) im Jahr 1638 aus Dankbarkeit dafür gestiftet, dass München im Dreißigjährigen Krieg vor der Zerstörung durch die Schweden verschont geblieben war – ein glückliches Schicksal, das leider nicht allen bayerischen Städten vergönnt war. Aber auch noch eine weit profanere

Aufgabe hat die Mariensäule zu leisten: Quasi im Zentrum des Zentrums der Landeshauptstadt gelegen ist sie auf Autobahnen und Landstraßen der Maßstab für alle Straßenschilder, welche die Entfernung nach München anzeigen – und das, obwohl sie selbst mitten in einer Fußgängerzone steht.

Am beliebten **Fischbrunnen** zur Linken vorbei geht es weiter in Richtung **Altes Rathaus 8,** das den Marienplatz nach Osten hin abschließt. Im Gegensatz zu seinem imposanten Nachfolger ginge das eigentliche Hauptgebäude dabei wohl fast im Häusermeer der Altstadt unter, würde nicht der 56 Meter hohe Rathausturm die nötige Aufmerksamkeit erheischen. Jörg Ganghofer baute das Rathaus 1460 neu, nachdem ein Blitzschlag dessen Vorgängerbau zerstört hatte. Wie so viele historische Gebäude durchlebte auch dieses in seiner lang währenden Existenz diverse epochenbedingte Umgestaltungen. Ab 1874, nach dem Umzug der Stadtverwaltung in den Neubau, diente das Alte Rathaus nur noch repräsentativen Zwecken – und tut dies bis heute. Was nach den Schäden des Zweiten Weltkriegs aber keineswegs selbstverständlich war, musste doch nicht nur das Hauptgebäude mit seinem legendären Rathaussaal, sondern auch der Turm in seinem spätgotischen Stil wiederaufgebaut werden. Heute beherbergt er das Münchner **Spielzeugmuseum.**

Der Turm des Alten Rathauses beherbergt heute das Spielzeugmuseum.

Durch die Torbögen des Alten Rathauses hindurch – oder einfach schnöde rechts am Turm vorbei – geht es hinunter in Richtung Viktualienmarkt. Vorher lohnt sich noch ein Blick auf beziehungsweise in die **Heiliggeistkirche,** deren Portal sich auf der linken Straßenseite zeigt. Die ursprünglich gotische Spitalkirche wurde in der ersten Hälfte des 18. Jahrhunderts unter anderem von den Brüdern Asam barockisiert und nach schweren Bombentreffern im Zweiten Weltkrieg Stück für Stück wieder rekonstruiert. Heutzutage steht sie leider immer ein wenig im Schatten der anderen bedeutenden Kirchen in der Münchner Altstadt.

Das alte Heiliggeistspital, aus der das Gotteshaus hervorgegangen war, musste 1885 der Erweiterung des **Viktua-**

lienmarkts 9 weichen, der bereits 1807 den Markt auf dem heutigen Marienplatz abgelöst hatte. Heutzutage bieten die „Standl" (Marktstände) in erster Linie hochwertige heimische Lebensmittel – der Name „Viktualienmarkt" leitet sich ab vom lateinischen „victus" für „Nahrung, Kost, Speise" – sowie exotische Spezialitäten, aber auch allerlei Kunsthandwerk und Blumenschmuck. Die Preise liegen dabei sogar für Münchner Verhältnisse auf recht hohem Niveau, was die meist zahlungskräftige Klientel aber gerne für ein wenig Exklusivität buchstäblich in Kauf nimmt. Zwischen den Verkaufsständen verteilen sich verschiedene kleinere Brunnen, die das Gedenken an Münchner Komiker wie Karl Valentin und seine Partnerin Liesl Karlstadt oder Volkssänger wie den Roider Jackl hochhalten, der übrigens schon zu Lebzeiten in einem seiner Gstanzln ahnte: „Jetzt muaß i aufhern zum Singa/sonst wer i berühmt/und kriag a r'a so a Denkmal/da wo's Wasser rausrinnt."

Karl-Valentin-Brunnen

Auch der Komödiant Karl Valentin erhielt am Viktualienmarkt seinen eigenen Brunnen.

Nach einem Bummel über den Viktualienmarkt gelangen wir von etwas unterhalb der Heiliggeistkirche auf der anderen Straßenseite auf das Petersbergl und so folgerichtig zur Peterskirche. Die Pfarrkirche **Sankt Peter 10** ist nicht nur die älteste der Stadt (daher auch „der Alte Peter" genannt), sondern steht vermutlich auch an der Stelle, an der die ganze Geschichte mit dem Millionendorf München im 8. Jahrhundert so ihren Anfang nahm. Die Kirche selbst, von deren Turm sich die Münchner Altstadt wunderbar überblicken lässt, stammt aus dem 12. Jahrhundert und durchlief von der Romanik über die Gotik bis hin zum Barock zahlreiche Umgestaltungen. Und auch der Alte Peter blieb schließlich im Zweiten Weltkrieg nicht von schweren Bombenschäden verschont.

Wie verbunden die Münchner mit ihrer Peterskirche waren und noch immer sind, davon zeugt auch das beliebte Volkslied „Solang der Alte Peter", dessen erste Takte nach dem Krieg sogar erst Radio München und dann dem Bayerischen Rundfunk als Pausenzeichen dienten – wobei bis zum vollendeten Wiederaufbau 1951 die letzte Silbe beziehungsweise der letzte Ton weggelassen wurde, um an die immensen Kriegsschäden am Alten Peter zu erinnern. Dass die Weise ursprünglich ein Wienerlied war, das in seiner bekanntesten Version einer ganz anderen Kirche, nämlich dem „Steffl" (Stephansdom) in Wien, huldigte, darüber sahen die weltoffenen Münchner schon immer großzügig hinweg. In den 1970er-Jahren übernahm dann die neue Servicewelle Bayern 3 die Melodie in etwas modifizierter Version („da-daa-da-daa-da-daaaa-daaa") als Signalton für seine Verkehrsnachrichten.

Der Viktualienmarkt ist die richtige Adresse für Feinschmecker aller Couleur.

Viktualienmarkt und Alter Peter (links)

Vom Alten Peter gehen wir zunächst links in Richtung **Rindermarkt** und dann rechts vorbei an dessen vor allem im

Rindermarkt

Denkmal für Sigi Sommer

Sommer als Treffpunkt und kurze Erholungsstätte beliebten Brunnen. An der nun von rechts einbiegenden Rosenstraße (Fußgängerzone) steht am Roseneck unter einem Baum das **Denkmal für Sigi Sommer.** Der Schriftsteller und Journalist porträtierte vor allem als Kolumnist der Münchner Abendzeitung („Blasius, der Spaziergänger") von der Nachkriegszeit bis in die späten 1980er-Jahre München und die Münchner und wurde somit zum granteInd-poetischen Chronisten seiner Zeit und seiner Stadt.

Etwas versetzt führt uns die Sendlinger Straße als Verlängerung der Rosenstraße noch ein kurzes Stück nach links, ehe wir nach rechts in den Färbergraben einbiegen. Nach 100 Metern zweigt nach links die Hotterstraße ab, in der sich das **Museum of Urban and Contemporary Art (MUCA) 11** befindet – eine experimentierfreudige Kunsthalle im ehemaligen Umspannwerk der Stadt München, die so gar nichts mit den sonstigen, so altehrwürdig anmutenden Museen der bayerischen Landeshauptstadt gemein hat, sondern sich der Street Art und der Urban Art widmet.

Am Ende der Hotterstraße biegen wir nach rechts in die Hackenstraße ab – schließlich befinden wir uns ja im Hackenviertel (von „Hag" für ein eingehegtes Gelände) –, die nach einer kleinen Kurve in die Brunnstraße übergeht. Wir folgen dann der Damenstiftstraße nach rechts, deren Namen schon auf unser nächstes Ziel verweist: die **Damenstiftskirche Sankt Anna 12.** Dieses 1735 geweihte spätbarocke Bauwerk von Johann Baptist Gunetzrhainer ist neben den Gotteshäusern im Lehel beziehungsweise in Harlaching (siehe Spaziergänge 3 und 9) eine von drei Annakirchen in München. Auch in der Damenstiftskirche wurde der Innenraum von den Brüdern Asam gestaltet.

Zum Abschluss des Spaziergangs biegen wir nach links in die Herzogspitalstraße ein, die uns nach etwa 250 Metern an die viel befahrene Sonnenstraße führt. Hier gehen wir nach rechts und gelangen so wieder an den Karlsplatz zurück – oder eben an den Stachus, ganz wie es beliebt.

Kurze CHRONIK MÜNCHENS

1158	**Erste urkundliche Erwähnung als „Munichen" (althochdeutsch: „bei den Mönchen")**
1180	**Bau der ersten Stadtmauer**
1240	**Übergang vom bischöflichen in Wittelsbacher Besitz**
1280	**Bau der zweiten Stadtmauer**
1327	**Großer Stadtbrand**
1337	**Kaiserliche Residenz**
1502	**Bayerische Hauptstadt**
1632	**Schwedische Besatzung**
1805	**Proklamation des Königreichs Bayern**
1852	**Mehr als 100.000 Einwohner**
1919	**Ausrufung der bayerischen Räterepublik**
1933	**Machtergreifung der NSDAP: „Hauptstadt der Bewegung"**
1944	**Schwere Zerstörungen durch Bombenangriffe**
1958	**Mehr als 1 Million Einwohner**
1972	**Olympische Sommerspiele**

3 ÖSTLICHE ALTSTADT UND LEHEL

Start/Ziel: Sankt-Anna-Straße, 80538 München
(GPS: 48.139760, 11.586900)
Länge: ca. 5 Kilometer
Dauer: ca. 2,5 Stunden
ÖPNV: U-Bahn-Linien U4 und U5, Tramlinie 18
Parken: Parkhaus am Hofbräuhaus (Hochbrückenstraße 9)

Unterwegs entdeckt:

1 Pfarrkirche Sankt Anna
2 Haus der Kunst
3 Eisbachwelle
4 Bayerisches Nationalmuseum
5 Praterinsel
6 Lukaskirche
7 Vater-Rhein-Brunnen
8 Isartor
9 Bier- und Oktoberfestmuseum
10 Hofbräuhaus
11 Maximilianstraße
12 Museum Fünf Kontinente

Essen + Trinken:

Fräulein Grüneis, Englischer Garten, Lerchenfeldstraße 1a, 80538 München, Tel. 0 89/23 03 26 70, www.fraeulein-grueneis.de
(Kiosk am Eisbach mit regionaler Küche)

Seidelei, Reitmorstraße 3, 80538 München, Tel. 0 89/25 54 22 20, www.seidelei.com
(feine alpenländische Küche und ausgesuchte Weine)

Pâtisserie Dukatz, Sankt-Anna-Straße 11, 80538 München, Tel. 0 89/23 03 24 44, www.dukatz.de
(Café und Bar mit französischen Köstlichkeiten)

Wo München wohl am münchnerischsten ist

Mit dem weltberühmten Hofbräuhaus liegt in der östlichen Altstadt durchaus noch ein Ziel für den Massentourismus, ansonsten nimmt die Dichte an Besuchern allerdings kontinuierlich ab, je weiter man in Richtung Altstadtring gelangt. Und drüben im Lehel, mit dem die Altstadt den Stadtbezirk 1 bildet, sind die Münchner dann fast schon wieder unter sich. Dabei hat gerade dieses Viertel – der Altmünchner spricht es übrigens „Lächl" aus – nicht nur einen eigenen Artikel zu bieten („das Lehel"), sondern auch eine überaus reiche Kunst- und Museumslandschaft. Dass sich dies zusammen mit der Nähe zur Altstadt und zum Englischen Garten sowie den attraktiven, meist vom neobarocken Baustil geprägten Straßenzügen auch auf die Höhe der Miet- und Wohnungspreise niederschlägt, ist übrigens kein alleiniges Phänomen der heutigen Zeit. Schon Helmut Dietls „Münchner Geschichten" von 1974 spielten vor dem Hintergrund der fortschreitenden „Gentrifizierung" im Lehel – und dies lange bevor die meisten Menschen mit diesem Begriff überhaupt etwas anfangen konnten.

Ausgangspunkt unseres Spaziergangs ist der U-Bahnhof Lehel an der Sankt-Anna-Straße. Und da diese ihren Namen ja nicht von ungefähr trägt, baut sich direkt vor uns auch schon die neuromanische **Pfarrkirche Sankt Anna** 1 auf. Das Bauwerk löste 1892 die gegenüberliegende gleichnamige Rokoko-Klosterkirche als geistlichen Mittelpunkt des Lehels ab, als diese für ihre Aufgaben im aufstrebenden Stadtteil zu klein wurde. Architekt der Pfarrkirche war Gabriel von Seidl, sichtbar ein Anhänger des zu Kaisers Zeiten angesagten historistischen Bauens.

Zwischen den beiden Kirchen hindurch geht es die Sankt-Anna-Straße entlang in nördlicher Richtung, bevor wir an jener Stelle nach links einbiegen, wo die Liebig- in die Christophstraße mündet. Letzterer folgen wir ein kurzes Stück, ehe uns die Seitzstraße nach rechts und die Sigmundstraße gleich wieder nach links an den Franz-Josef-Strauß-Ring führen. Hier angekommen schränken die Bäume auf der anderen

Haus der Kunst

Straßenseite zunächst den Blick auf die architektonisch etwas unentschlossen daherkommende Ostseite der **Bayerischen Staatskanzlei** (Spaziergang 1) ein wenig ein. Wir folgen dem Grünstreifen nach rechts, passieren nach einer Weile das zumindest sehr funktional wirkende **Staatsministerium für Wohnen, Bau und Verkehr** und überqueren dann per Fußgängerampel die Prinzregentenstraße just dort, wo sie gerade mit vier ihrer sechs Spuren in den Untergrund verschwindet.

Das monumentale Haus der Kunst ist eines der bedeutendsten Museen Münchens.

Nach links fällt der Blick auf das frühklassizistische **Prinz-Carl-Palais** mit seiner schönen Parkanlage, offiziell der Amtssitz des Ministerpräsidenten. Wir wenden uns aber eher dem Monumentalbau zur Rechten zu: dem **Haus der Kunst** 2. Es war das erste Bauwerk, mit dem die Nationalsozialisten auch architektonisch ihre Spuren in der „Hauptstadt der Bewegung" hinterlassen wollten. Die Grundsteinlegung erfolgte im Oktober 1933, dann dauerte es knapp vier Jahre, bis dieser Weihetempel einer explizit deutschen Kunst – oder zumindest dem, was die Nazis darunter verstanden – im Juli 1937 eröffnet wurde. Das Gebäude überstand den Krieg relativ unbeschadet, diente danach zunächst den US-amerikanischen Besatzungstruppen als Offizierskasino und gilt seit 1949 trotz seiner schwierigen Vergangenheit wieder als wichtiger Teil der Münchner Museumslandschaft – wenn auch immer wieder von massiven Finanzproblemen geplagt.

Wir umrunden das Haus der Kunst mit einem kurzen Abstecher in den **Englischen Garten** und wählen hierzu den ungepflasterten Fußweg links am Gebäude vorbei. Parallel zum Köglmühlbach gehen wir ein Stück geradeaus, bis dieser sich rechts zum Schwabinger Bach und einem kleinen See weitet,

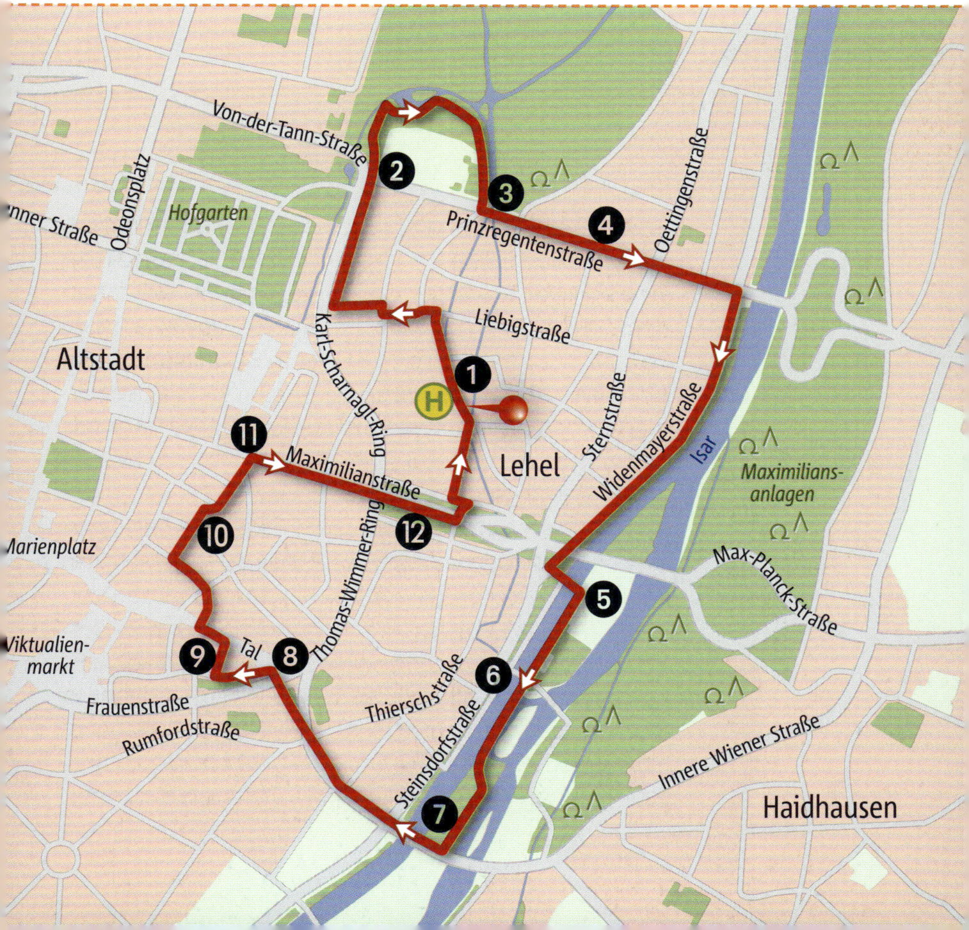

Englischer Garten

in dessen Mitte eine reichlich zugewachsene Insel mit dem leider nur recht selten geöffneten **Japanischen Teehaus** liegt. Am Südufer geht es weiter entlang des Schwabinger Bachs, ehe dieser auf der anderen Seite des Hauses der Kunst dann zum Eisbach wird. Hier treffen wir – fast schon wieder an der Prinzregentenstraße angelangt – auf die wagemutigen Surfer an der **Eisbachwelle 3.** Mittlerweile durch die normative Kraft des Faktischen legalisiert sind die tollkühnen Ritte auf der durch bauliche Besonderheiten eigentlich ungewollt erzeugten künstlichen Welle zum Zuschauermagneten geworden, sodass es auf dem Gehweg an der Eisbachbrücke schon mal sehr voll werden kann. Wir wagen uns dennoch hinüber, überqueren dann die Straßenbahnschienen und folgen der Prinzregentenstraße als einer der vier Münchner Prachtstraßen in Richtung Osten zum **Bayerischen Nationalmuseum 4.** Dieses einzuordnen, fällt sowohl architektonisch als auch thematisch nicht ganz leicht. Von außen ein verspielter Stilmix verschiedener Epochen bietet das 1900 eröffnete Haus auch innen eine Vielzahl an unterschiedlichen Sammlungen sowohl der bildenden Kunst als auch kulturgeschichtlicher Exponate. Von Kunstgegenständen aus der Romanik bis zum Jugendstil über kunstvolle Glas-, Textil- und Goldschmiedeerzeugnisse bis hin zu wissenschaftlichen Instrumenten reicht die Spannbreite der Ausstellungsstücke. Eine Besonderheit des Museums dürfte darüber hinaus auch die hauseigene Restaurierungsabteilung sein.

Weiter geht es am **Reiterstandbild von Prinzregent Luitpold** von Bayern (1821–1912) vorbei, dessen Titel namensgebend für die Prinzregentenstraße war. Luitpold führte in seinem Amt die Geschäfte zunächst kurze Zeit für seinen entmündigten Neffen König Ludwig II. (1845–1886), danach für dessen schon in relativ jungen Jahren psychisch erkrankten Bruder Otto I. (1848–1916). Die 26 Jahre währende „Prinzregentenzeit" wird bis heute gerne als die wohl glücklichste Epoche in der Geschichte Bayerns beschrieben.

Wir folgen der Prinzregentenstraße weiter in Richtung Isar. An der Ecke Reitmorstraße ist seit 1909 die **Sammlung Schack** beheimatet. Der aus Schwerin stammende Kunstmäzen Adolf Friedrich Graf von Schack hatte bedeutende Werke zeitgenössischer Malerei zusammengetragen. Das Stammhaus der Sammlung lag ursprünglich in der Brienner Straße. Nachdem Schack seine Kunstwerke dem deutschen Kaiser Wilhelm II. vermacht hatte, beließ dieser die Sammlung ganz bewusst in München – wohl auch aus Angst, die Bayern könnten andernfalls noch deutlich preußenfeindlicher werden, als sie es ohnehin schon waren.

Bayerisches Nationalmuseum

An der Prinzregentenstraße beeindruckt das Bayerische Nationalmuseum.

Vor der Luitpoldbrücke mit seinen beiden Brückenwächtern „Bayern" und „Pfalz" als Symbol für die bayerischen Landesteile („Franken" und „Schwaben" befinden sich auf der anderen Isarseite) geht es nach rechts in die Widenmayerstraße und dann ein ganzes Stück am Ufer der Isar entlang. Die nach einem früheren Bürgermeister benannte Straße begleitet den Fluss mit der Schwindinsel – dem nördlichen Teil der Praterinsel – und seinen großen Kaskaden bis zur Maximiliansbrücke, um dann in die Steinsdorfstraße (nach einem Vorgänger Widenmayers) überzugehen. Ungefähr 30 Meter hinter dieser großen Brücke führt uns die Praterwehrbrücke nach links hinüber auf die **Praterinsel 5**. Ursprünglich unter anderem Standort eines kleinen Vergnügungsparks nach Wiener Vorbild findet sich dort heute neben Ateliers und verschiedenen Veranstaltungsräumlichkeiten auch das bereits 1911 eröffnete **Alpine Museum** des Deutschen Alpenvereins.

Vom Wehrsteg aus fällt der Blick auf die evangelische Lukaskirche.

Lukaskirche

Während hinter dem Museum der Kabelsteg links hinüber nach Haidhausen – wo schon die Türme des Muffatwerkes und des Müllerschen Volksbades zu sehen sind (Spaziergang 7) – und die Mariannenbrücke rechts wieder zurück ans Ufer der Steinsdorfstraße führen, setzen wir unseren Spaziergang geradeaus auf dem lang gezogenen **Wehrsteg** parallel zur Isar fort. Von hier aus hat man einen guten Blick auf die imposante **Lukaskirche 6** an der Steinsdorfstraße. Der außen romanisch, innen frühgotisch gestaltete „evangelische Dom Münchens" wurde vom hiesigen Architekten Albert Schmidt geplant und 1896 nach drei Jahren Bauzeit fertiggestellt.

Vater-Rhein-Brunnen

Der Vater-Rhein-Brunnen stand ganz offensichtlich nicht immer hier an der Isar.

Am Ende des Wehrstegs führt ein kleiner Park zum **Kulturstrand,** wo im Sommer Musik- und Tanzveranstaltungen auch jenseits beliebiger Discofox-Klänge stattfinden. Ansonsten geht es in der Parkanlage eher ruhiger zu, Mittel- und Treffpunkt der Grünanlage ist der ausladende **Vater-Rhein-Brunnen 7.** Was diesen ausgerechnet zur „Konkurrenz" an die Isar verschlagen hat? Die Geschichte geht in etwa so: Der Münchner Bildhauer Adolf von Hildebrand entwarf den Brunnen 1897 für die damals zum Deutschen Reich gehörende Stadt Straßburg. Um einem Namenskonflikt in der gemischtsprachigen Bevölkerung („Straßburg" oder „Strasbourg"?) von vorneherein aus dem Weg zu gehen, lautete die Inschrift auf dem Sockel damals (wie heute) „Argentorato", der alte lateinische Name der Stadt. Nach dem Einmarsch der Franzosen am Ende des Ersten Weltkriegs wurde der Brunnen 1919 abgetragen und die Figur des Vater Rhein zehn Jahre später zusammen mit einigen anderen Bauteilen im Tausch gegen eine andere Statue nach München gebracht – wo sie seit 1932 nun also statt über den Rhein über die Isar wacht.

Ein paar Meter weiter gelangen wir auf die **Ludwigsbrücke** und halten uns zunächst rechts, dann folgen wir parallel zu den Straßenbahnschienen eine Weile der Zweibrückenstraße. Nach einer leichten Biegung können wir in der Ferne schon unser nächstes Ziel ausmachen: das **Isartor 8** mit seinen beiden achteckigen Seitentürmen und dem zentralen Hauptturm. Das östliche Stadttor, das die Münchner Altstadt seit 1337 bewacht, wurde in den 1830er-Jahren umfangreich saniert. Aus

Das Isartor bewachte einst den Osten der Altstadt.

Isartor

dieser Zeit stammt auch das 20 Meter lange, vor Pathos triefende Fresko an der Stirnfront, das den Einzug Ludwigs des Bayern im Jahre 1322 nach erfolgreicher Schlacht gegen den Habsburger Friedrich den Schönen bei Mühldorf – oder vielleicht auch eher Ampfing, da streiten sich die Gelehrten – zeigt. Wie fast die gesamte Innenstadt wurde auch das Isartor von den Bomben des Zweiten Weltkriegs schwer getroffen, und so sollte es bis in die 1970er-Jahre dauern, bis es vollständig wiederhergestellt war. Bereits seit 1959 jedoch beherbergt der Südturm (rein geografisch eigentlich eher: Westturm) das in jeder Beziehung einzigartige **Valentin Karlstadt Musäum,** das dem Lebenswerk der beiden Münchner Komiker und Volksschauspieler Karl Valentin (zumindest hier in München bitte immer wie „Falentin" aussprechen) und Liesl Karlstadt gewidmet ist. Besonderes Schmankerl dabei: „Kinder unter 6 Jahren und 99-Jährige in Begleitung ihrer Eltern haben freien Eintritt." Auf 14 Höhenmetern empfängt nach dem Museumsbesuch noch das legendäre **Turmstüberl** seine Gäste, ein echtes Traditionscafé, eingerichtet in einer ganz besonderen Münchner Mischung aus Charme und Chaos.

Zwischen Südturm und Hauptturm beginnt in westlicher Richtung die Westenriederstraße. Dieser folgen wir für knappe 100 Meter und halten uns dann rechts in die schmale, autofreie Sterneckerstraße. **Das Bier- und Oktoberfestmuseum** **9** (Hausnummer 2) bringt die touristische Grundidee Münchens hier im ältesten Bürgerhaus der Stadt recht treffend auf einen Nenner.

Wir biegen nach links ab in Richtung Innenstadt in die Straße mit dem ebenso schönen wie kurzen Namen „Tal" und drücken uns dann nach etwa 150 Metern rechts in die enge Dürrnbräugasse, die schließlich wieder etwas breiter und dann zur Ledererstraße wird. Am ersten Zebrastreifen biegen wir nach rechts ab in die Orlandostraße, benannt nicht etwa nach der Großstadt in Florida, sondern vielmehr nach dem Hofkapellmeister Orlando di Lasso – dem die eigene Straße aber auch redlich gegönnt sei, spätestens nachdem sein Denkmal am Promenadeplatz von trauernden Michael-Jackson-Fans so schnöde zweckentfremdet wurde (Spaziergang 1). Ähnlich unvereinbar wie die beiden Stile der verstorbenen Musiker scheinen übrigens auch die Weltanschauungen zweier weiterer Phänomene in der Orlandostraße zu sein: Hier treffen nämlich die Roten des FC Bayern unmittelbar auf die Blauen vom TSV 1860. Und was in der Fußballwelt eventuell noch ein wenig dauern dürfte, ist zumindest bei den beiden **Fanläden** hier vor Ort schon heute Realität.

Über den nächsten Zebrastreifen geht es schließlich hinüber aufs **Platzl** und endlich an jenen Ort, weswegen ganz offensichtlich Millionen und Abermillionen ausländischer Gäste jedes Jahr nach München strömen: Die Rede ist natürlich nicht nur vom legendären **Hard Rock Café** (Hausnummer 1), sondern vom noch legendäreren **Hofbräuhaus** **10** gegenüber. Und wüsste man nicht um das internationale Renommee dieser touristischen Institution, man würde ob des eigentlich wenig spektakulären Äußeren vielleicht sogar versehentlich daran vorbeilaufen. Im Innern spielt dann die Musik in der Schwemme unter hohen Kreuzgewölben, und in der warmen Jahreszeit zeigt sich der kastanienbeschirmte Biergarten fast schon als Ruheoase inmitten des hektischen Treibens in der Münchner Innenstadt – zumindest für Leute, die Oasen mit knapp 400 Personen Besatzung schätzen.

Das Hofbräuhaus sieht von außen weniger spektakulär aus, als man vermuten möchte.

Nicht viel weniger los ist auch an und in den vielen weiteren Lokalitäten des Platzls, das sich hinter dem Hofbräuhaus fast schon zu einem richtigen Platz weitet. An dem – glaubt man den „Zunftschildern" im weiten Rund – fast jedes zweite Geschäft oder Gasthaus einem bekannten bayerischen Fernsehkoch zu gehören scheint. Wir verlassen das Platzl an seinem Ende schließlich nach rechts und treffen zwischen der Abbiegung in die Falkenturmstraße, in der übrigens das vergleichsweise kleine, aber umso feinere **Hofspielhaus** liegt, und dem **Wolfsbrunnen** über die Straße Am Kosttor auf die **Maximilianstraße** **11**. Wir biegen nach rechts ab und passieren stadtauswärts Dior, Chanel, Cartier, Hermès und weitere, in jedem Fall französisch auszusprechende Läden. Auf der anderen Straßenseite durchbricht das **Hotel Vier Jahreszeiten Kempinski** einen ähnlich exklusiven Reigen, während dies auf unserer Seite ein paar Meter weiter nur die traditionsreichen **Münchner Kammerspiele** wagen, mit denen wiederum Namen wie Brecht, Kortner oder Kroetz sowie die renommierte Falckenberg-Schule verbunden sind.

Wo die Bebauung der Maximilianstraße etwas lichter wird, diese schließlich den Altstadtring kreuzt und in der Ferne schon das **Maxmonument** für König Maximilian II. Joseph (1811–1864) sowie das **Maximilianeum** (Spaziergang 7) zu erahnen sind, erstreckt sich rechterhand das **Museum Fünf Kontinente 12.** 147 Meter zieht sich der Monumentalbau die Maximilianstraße entlang. 1865 wurde er noch als Bayerisches Nationalmuseum eröffnet, aus Platzgründen zog diese Sammlung allerdings um die Jahrhundertwende in den Neubau in der Prinzregentenstraße um. Danach war

Hofbräuhaus

für eine Weile das Deutsche Museum provisorischer Gast, ehe 1925/26 das Museum für Völkerkunde – seit 2014: Museum Fünf Kontinente – einzog. Ursprünglich befand sich der Sitz der 1862 eröffneten ethnologischen Sammlung im Galeriegebäude der Hofgartenarkaden.

Das Museum Fünf Kontinente zeigt die Vielfalt menschlicher Kulturen in der Welt.

Wir überqueren die Maximilianstraße am Ende des Museumsbaus an der Adelgundenstraße und durchschreiten auf der anderen Straßenseite die Arkaden des parallel zum Museum verlaufenden, ähnlich pompösen Gebäudes der **Regierung von Oberbayern.** Von dort aus führt uns die Sankt-Anna-Straße wieder zum Ausgangspunkt unseres Spaziergangs zurück.

Museum Fünf Kontinente

Ein MÜNCHNER VON DER KÜSTE

Er gehört seit den frühen 1960er-Jahren ebenso zu München wie etwa die Frauenkirche oder das Oktoberfest – der kleine rothaarige Kobold namens Pumuckl, erfunden von der Kinderbuchautorin Ellis Kaut. Zunächst in einer Hörspielreihe im Bayerischen Rundfunk, später auch in Büchern sowie auf Langspielplatten und Kassetten wirbelte der drollige Kerl, der immer so stolz auf seine Herkunft von den Klabautermännern erzählte und stetig seine Liebe zu riesigen Segelschiffen kundtat, durch die Werkstatt des gutmütigen Schreinermeisters Eder. Weit über Bayern hinaus bekannt wurde das ungleiche Duo dann ab 1982 durch einen Spielfilm und vor allem durch die Fernsehserie, die bis 1989 laufen sollte. Bereits vorher hatte der ursprünglich tatsächlich von der Nordsee stammende Hans Clarin dem Kobold seine Stimme geliehen, den Schreinermeister Eder verkörperte der Münchner Volksschauspieler Gustl Bayrhammer – wahrscheinlich die Rolle seines Lebens. Die Hinterhofwerkstatt, in der Film und Serie gedreht wurden, befand sich in der Widenmayerstraße im Lehel. Der Hinterhof existiert noch, die Werkstatt leider nicht mehr. Fans des kleinen Kobolds pilgern deshalb gerne zum Pumucklbrunnen im Schwabinger Luitpoldpark.

4 SÜDLICHE ALTSTADT UND GLOCKENBACH-VIERTEL

Start/Ziel: Sendlinger Tor, 80336 München
(GPS: 48.133964, 11.567268)
Länge: ca. 3,5 Kilometer
Dauer: ca. 2 Stunden
ÖPNV: U-Bahn-Linien U1, U2, U3, U6, U7,
Tramlinien 16, 17, 18, 27, 28, Buslinien 52, 62
Parken: Parkgarage Oberanger (Oberanger 27),
Parkgarage Schrannenhalle (Prälat-Zistl-Straße 5)

Unterwegs entdeckt:

1 Sendlinger Tor
2 Asamkirche
3 Kurt-Eisner-Denkmal
4 Sankt-Jakobs-Platz
5 Stadtmuseum
6 Gärtnerplatz
7 Gärtnerplatztheater
8 Europäisches Patentamt
9 Kiosk an der Reichenbachbrücke
10 Sankt Maximilian
11 Hans-Sachs-Straße
12 Alter Südfriedhof

Essen + Trinken:

Patolli, Sendlinger Straße 62, 80331 München,
Tel. 0 89/89 05 83 12, www.patolli.net
(eine Kaffeebar, also gibt´s tagsüber Kaffee, abends Cocktails)

Café Sax, Hans-Sachs-Straße 5, 80469 München,
Tel. 089/26 88 35
(lohnenswert nicht nur zum Frühstücken oder Fußballschauen)

Jack Glockenbach, Thalkirchner Straße 3, 80337 München,
Tel. 089/23 07 67 88, www.jack-glockenbach.de
(schlichter Name, aber gutes vietnamesisches Essen)

Zwischen Hochkultur und Kneipentour

Die südliche Altstadt und das Glockenbachviertel in der Isarvorstadt teilen sich in gewisser Weise die Arbeit für ihre Besucher gerecht auf: Während vor allem im Angerviertel der Innenstadt noch zahlreiche Sehenswürdigkeiten auf eher hochkulturbeflissene Gäste warten, stehen das Glockenbachviertel, aber auch das benachbarte Gärtnerplatzviertel mehr für ausgelassene Lebensfreude und eine hohe Kneipendichte. Letzteres hatte seinen Ursprung auch darin, dass insbesondere das Glockenbachviertel lange Zeit in München als Hochburg eines ausgehfreudigen schwul-lesbischen Lebensstils galt. Mittlerweile ist es aber ebenso für junge Familien eines der beliebtesten Quartiere überhaupt geworden – was sich auch an einer für Münchner Verhältnisse relativ hohen Geburtenrate ablesen lässt.

Startpunkt des Spaziergangs ist das Sendlinger Tor, genauer gesagt eigentlich der meist recht belebte Platz davor. Hier findet sich unter anderem auch das renommierte **Filmtheater Sendlinger Tor,** das eine über 100-jährige Tradition und sogar noch eine echte Königsloge vorweisen kann. Mit seinen Holzvertäfelungen, den roten Kinosesseln und dem schweren Vorhang hat es eine fast schon vergessene Kinoatmosphäre in unsere Zeit hinübergerettet. Das **Sendlinger Tor 1** selbst verkörpert das südliche der drei noch bestehenden Stadttore und stammt historisch gesichert aus dem 14. Jahrhundert, wahrscheinlich ist es aber sogar noch älter. Wie das Karlstor am Stachus hat auch das Sendlinger Tor im Laufe der Jahrhunderte seinen

Sendlinger Tor

Das Sendlinger Tor ist heute mehr Treffpunkt denn Trutzburg.

Asamkirche

Hauptturm verloren, sodass heute vor allem die beiden sechseckigen Seitentürme sein Aussehen prägen. Durch den breiten Rundbogen geht es in den Innenhof und dann weiter in die **Sendlinger Straße,** die das Hackenviertel im Südwesten der Innenstadt vom Angerviertel im Südosten trennt.

Nach knapp 200 Metern durch die beliebte Einkaufsstraße stechen auf der linken Seite ziemlich unvermittelt die beeindruckenden Fassaden des **Asamhauses** und der **Asamkirche** 2 aus der ansonsten wenig spektakulären Häuserzeile. Die Brüder Asam, genauer gesagt der Maler und Architekt Cosmas Damian Asam sowie der Bildhauer und Stuckateur Egid Quirin Asam, schufen hier ab 1733 direkt neben ihrem Wohnhaus ihre eigene kleine Privatkirche (of-

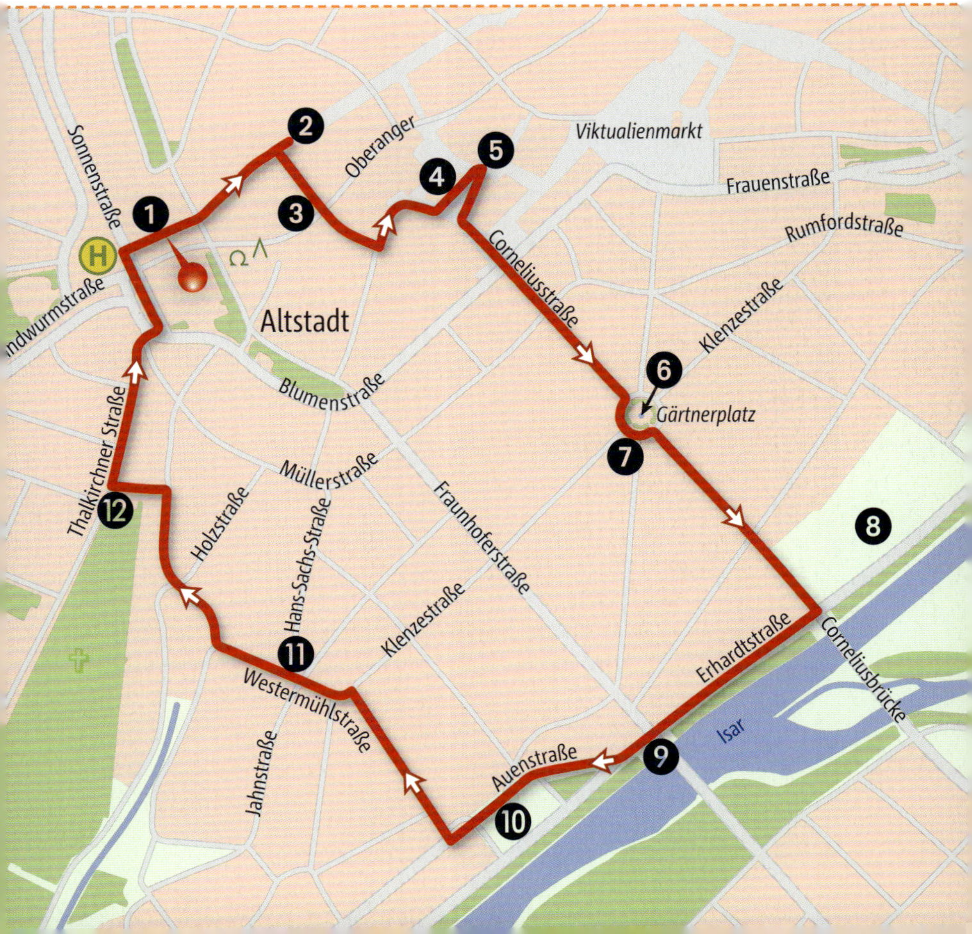

Kurt-Eisner-Denkmal

Das Kurt-Eisner-Denkmal steht im Münchner Angerviertel.

fiziell: Sankt Johann Nepomuk). So entstand auf engstem Raum ein in seiner Pracht geradezu überbordendes spätbarockes, sich auf der Schwelle zum Rokoko befindendes Gotteshaus, das noch zu Lebzeiten der Brüder Asam auf leichten Druck der Stadtverwaltung und der Kirchenoberen auch für die Allgemeinheit zugänglich gemacht wurde.

Wir gehen die Sendlinger Straße wieder ein paar Meter zurück, überqueren sie und folgen dann der Schmidstraße in Richtung Oberanger, bis wir auf das in grünem Glas gehaltene begehbare **Kurt-Eisner-Denkmal 3** treffen. Der erste Ministerpräsident des Freistaates Bayern (SPD/USPD) wurde am 21. Februar 1919 in der Kardinal-Faulhaber-Straße – dort erinnert am Tatort ein sogenanntes Bodendenkmal mit den Umrissen des Toten ebenfalls an ihn – von Anton Graf von Arco auf Valley mit zwei Pistolenschüssen ermordet.

Nach der Überquerung des Oberangers folgen wir erst der Klosterhofstraße und dann nach links dem Unteren Anger auf den **Sankt-Jakobs-Platz 4.** An dieser Stelle befand sich ursprünglich auch der Anger (mittelhochdeutsch für Dorfplatz), der dem Viertel und eben auch den beiden umliegenden Straßen seinen Namen geben sollte. Die Namensgeberin des Platzes ist die nach den Zerstörungen des Zweiten Weltkriegs komplett neu gebaute Kirche **Sankt Jakob am Anger** des Klosters der Armen Schulschwestern Unserer Lieben Frau. Von außen ist der in die Klostermauern integrierte schlichte Backsteinbau zunächst kaum als Gotteshaus auszumachen – gerade wenn man noch unter dem Eindruck der prunkvollen Fassade der Asamkirche steht. Auch im Inneren ist die zweigeschossige Jakobskirche in ihrer fast durchgehend weißen Gestaltung eher schlicht gehalten.

Architektonisch dominiert wird der Sankt-Jakobs-Platz vom **Gemeindezentrum der israelitischen Kultusgemeinde** am nordwestlichen Rand und dem **Jüdischen Museum** sowie der **Neuen Jüdischen Hauptsynagoge Ohel Jakob** in dessen Mitte. Die Synagoge aus dem Jahr 2006 stemmt aus ihrem an die Klagemauer erinnernden Steinsockel eine recht-

Die zentralen Bauten am Sankt-Jakobs-Platz sind das Jüdische Museum und die Ohel-Jakob-Synagoge.

Sankt-Jakobs-Platz

Gärtnerplatzthe

eckige Glas-Metall-Struktur auf 28 Meter in die Höhe und trägt den gleichen Namen wie die in der Pogromnacht 1938 zerstörte orthodoxe Synagoge in der Herzog-Rudolf-Straße. Das neue bauliche Ensemble und Zentrum des jüdischen Lebens in München am Sankt-Jakobs-Platz wurde 2008 mit dem Deutschen Städtebaupreis ausgezeichnet.

Hinter der Synagoge steht am nordöstlichen Ende des Platzes das Münchner **Stadtmuseum** **5**. Das größte kommunale Museum in Deutschland existiert seit 1888 und ist in einem sehenswerten Ensemble historischer Bauten untergebracht. Angegliedert an das Stadtmuseum ist das Münchner **Filmmuseum** mit seinem eigenen Kinosaal.

Wir verlassen den Sankt-Jakobs-Platz an seinem südlichen Ende beim Spielplatz am Jüdischen Museum und folgen nun der Corneliusstraße ein ganzes Stück weit bis zum **Gärtnerplatz** **6**. Dieser ist auch Namensgeber für das gesamte Viertel und dem Architekten Friedrich von Gärtner gewidmet. Er wurde 1860, also 13 Jahre nach Gärtners Tod, eingeweiht. Sein ewiger Konkurrent Leo von Klenze – gefühlt stammt in München jedes bedeutende Gebäude entweder von dem einen oder dem anderen – brachte es hingegen nicht zu einem eigenen Platz, sondern lieh nur der querenden Klenzestraße seinen Namen. Zumindest schmücken die Büsten beider großer Architekten den Gärtnerplatz, wenn auch in respektvollem Abstand voneinander aufgestellt. 1865 wurde dann noch das **Gärtnerplatztheater** **7** eröffnet, das seit 1955 ganz offiziell auch den Titel „Staatstheater" trägt. Gegeben werden Darbietungen von Opern über Operetten bis hin zu Musicals, Ballettaufführungen sowie klassischen Konzert- und Liederabenden.

Die kulturelle Hauptattraktion des Gärtnerplatzes ist sein Theater.

Quasi über den Gärtnerplatz hinweg führt die Corneliusstraße weiter in Richtung Isar. Kurz vor ihrem Ende liegt linker Hand eine kleine Grünanlage, hinter der sich auch schon die nicht unbeeindruckend hohe Zweckarchitektur des **Europäischen Patentamtes** **8** abzeichnet, das an seinem Münchner Standort fast 4000 Menschen beschäftigt. Wir begeben uns

Europäisches Patentamt

noch kurz auf die **Corneliusbrücke,** um vom dortigen Isarbalkon noch einen Blick den Fluss hinunter – oder angesichts der Fließrichtung eigentlich eher hinauf – zu werfen. Von hier aus lassen sich hinter der 250 Meter entfernten Reichenbachbrücke zur Rechten schon deutlich die malerischen Türme von Sankt Maximilian ausmachen und zur Linken (obwohl am selben Ufer gelegen) die etwas weniger malerischen Schlote des Heizkraftwerks in Sendling.

Im Europäischen Patentamt arbeiten fast 4000 Menschen.

Wir gehen auf der Brücke wieder zurück und setzen unseren Weg nach links in die Erhardtstraße – wie auch schon an der Isarpromenade im Lehel war auch hier wieder ein ehemaliger Bürgermeister Namensgeber – an der Isar entlang nach Süden fort. Nach links führt die **Reichenbachbrücke** mit ihrem berühmten **Kiosk** 9 (über 300 nationale und internationale Biersorten) hinüber in die Au und die Frühlingsanlagen. Wir setzen unseren Spaziergang aber zunächst geradeaus und dann leicht rechts in die Auenstraße fort, womit wir im Glockenbachviertel angekommen wären. Die Auenstraße führt uns an der schon von der Corneliusbrücke aus der Ferne in Augenschein genommenen Kirche **Sankt Maximilian 10** vorbei. Das neoromanische Gotteshaus mit seinen markanten Doppeltürmen wurde 1901 geweiht und galt als „Notre Dame an der Isar" – was wohl auch schon zur damaligen Zeit reichlich überzogen war. Dabei sah Sankt Maximilian der Pariser Kathedrale damals erstaunlicherweise weniger ähnlich als heute: Ursprünglich besaß die Münchner Kirche nämlich zwei hohe spitze Kirchturmhauben, die im Zweiten Weltkrieg zerstört und später nur durch

Am Isarufer finden sich der Kiosk an der Reichenbachbrücke und Sankt Maximilian.

Reichenbachbrücke und Sankt Maximilian

Hans-Sachs-Straße

relativ flache Provisorien ersetzt wurden – wobei es bis heute geblieben ist.

Wir biegen nach rechts in die Westermühlstraße ein, der wir auch nach einer leichten Linkskurve folgen, bis von rechts die **Hans-Sachs-Straße** **11** (nach dem Nürnberger Meistersinger) einbiegt. Diese ist nicht nur eine der beliebtesten Ausgehadressen, sondern steht auch architektonisch mit den meist neobarocken Häuserfassaden der um das Jahr 1900 entstandenen Mietshäusern mit all ihren Erkern und hohen Giebelaufbauten fast exemplarisch für das gesamte Glockenbachviertel.

Die Hans-Sachs-Straße ist eine der beliebtesten Ausgehadressen im Glockenbachviertel.

Die Westermühlstraße führt uns weiter, bis rechts die Holzstraße abbiegt, die dann wiederum in die Pestalozzistraße übergeht. Die nächste Straße links führt uns auf den

Alter Südfriedhof

Oktoberfest

Seit 1810 wird auf der Theresienwiese das Oktoberfest gefeiert.

Stephansplatz vor der katholischen **Sankt-Stephans-Kirche** und zum Eingang des Alten **Südfriedhofs 12.** Dieser wurde bereits 1563 geschaffen und diente vor allem in den 1630er-Jahren als Pestfriedhof vor den Toren der Stadt. Auch Hunderte Opfer der Sendlinger Mordweihnacht, einem Massaker von Reichstruppen an bayerischen Aufständischen im Jahre 1705, fanden auf dem Südfriedhof ihre letzte Ruhe. Und da dieser ab Ende des 18. Jahrhunderts für etwa 80 Jahre auch der einzige Friedhof Münchens war, ist er mit seinen vielen Grabstätten berühmter Persönlichkeiten auch ein Abbild der Münchner Zeit- und Kulturgeschichte, sodass sich etliche der auf den Grabsteinen verewigten Namen beispielsweise auch in Münchner Straßennamen wiederfinden. So liegen etwa die erwähnten Architekten Friedrich von Gärtner und Leo von Klenze hier begraben, aber auch Künstler wie Carl Spitzweg und die Bildhauerfamilie Schwanthaler, Wissenschaftler wie Joseph von Fraunhofer und Max von Pettenkofer oder auch Unternehmer wie Joseph Anton von Maffei oder Johann Baptist Trappentreu. Heute ist der fast schon parkähnlich erscheinende Alte Südfriedhof in erster Linie aber ein wunderbarer Ort der Ruhe und des Abstands – und vielleicht auch ab und zu ein Platz für ein paar Momente der Nachdenklichkeit.

Wir biegen vom Stephansplatz nach rechts in die Thalkirchner Straße ein, gelangen schließlich über die Blumenstraße zum **Sendlinger-Tor-Platz** und somit wieder zum Ausgangspunkt unseres Spaziergangs.

Auf d'WIESN

Kein München-Reiseführer ohne Oktoberfest: Auch wenn die Theresienwiese, auf der alljährlich das in aller Welt bekannte Spektakel stattfindet, ein wenig abseits unserer Spaziergänge liegt, gelangt man vom Sendlinger-Tor-Platz über die Nußbaum- und Beethovenstraße oder über die Lindwurmstraße via Goetheplatz und Mozartstraße relativ zügig auch zu Fuß dorthin. Anlass des ersten Festes – damals stand noch ein Pferderennen im Mittelpunkt – war übrigens die Vermählung des Kronprinzen Ludwig (1786–1868) mit Prinzessin Therese von Sachsen-Hildburghausen im Jahre 1810. Über die Theresienwiese wacht seit 1850 eine 18 Meter hohe bronzene Bavaria vor ihrer Ruhmeshalle – und dies natürlich nicht nur zum Oktoberfest (oder kurz: zur Wiesn) mit seinen ca. sechs Millionen Besuchern. Und wahrscheinlich dürften nur die wenigsten davon auch schon einmal einen Blick in den angrenzenden Bavariapark riskiert haben, der mit seinen zahlreichen Skulpturen und Plastiken ebenfalls einen Abstecher wert ist.

5 MAXVORSTADT UND KÖNIGSPLATZ

Start/Ziel: Königsplatz, 80333 München (GPS: 48.145894, 11.563411)
Länge: ca. 2,5 Kilometer
Dauer: ca. 1,5 Stunden
ÖPNV: U-Bahn-Linie U2, Buslinien 58, 68, 100, 150
Parken: entlang der Straßen im Kunstareal, Parkhaus Elisenhof (Luitpoldstraße 3)

Unterwegs entdeckt:

1 Städtische Galerie im Lenbachhaus
2 Geologisches Museum
3 Staatliches Museum Ägyptischer Kunst
4 Hochschule für Fernsehen und Film (HFF)
5 Alte Pinakothek
6 Neue Pinakothek
7 Museum Brandhorst
8 Türkentor
9 Pinakothek der Moderne
10 Karolinenplatz
11 NS-Dokumentationszentrum
12 Königsplatz

Essen + Trinken:

Café und Restaurant Ella, Luisenstraße 33, 80333 München,
Tel. 0 89/70 08 81 77, www.ella-lenbachhaus.com
(italienisch, benannt nach Kandinskys Kosenamen für Gabriele Münter)

Heinrich Matters, Luisenstraße 47, 80333 München,
Tel. 0 89/23 79 66 73, www.heinrich-matters.de
(kreative Küche mit regionalen Produkten, den Namen hinten bitte englisch aussprechen)

Café im Vorhoelzer Forum, Arcisstraße 21, 80333 München,
www.ar.tum.de/vf/cafe/
(im TU-Gebäude, Dachterrasse im 5. Stock mit Traumaussicht)

Von Museen und Menschen

Während die Münchner Innenstadt anderenorts aus sich heraus Stück für Stück über die einstige Stadtmauer hinausgewachsen war, steht die Maxvorstadt mit ihren rasterförmig angelegten Straßen und den rechten Winkeln auf der Landkarte für ein ganz anderes, ein strikt geplantes städtebauliches Konzept. Ausgedacht hatte sich dieses ihr Namensgeber, der erste König von Bayern Maximilian I. Joseph (1756–1825) zu Beginn des 19. Jahrhunderts, in die Tat umgesetzt wurde es schließlich von seinem Sohn Ludwig I. (1786–1868). Heute gilt die Maxvorstadt mit ihrem – in neuerer Zeit Kunstareal getauften – Museumsviertel und der studentischen Prägung durch die nahe Universität in Sachen Kultur und Lebensstil als großstädtisch-weltoffenes Viertel – und zwar so sehr, dass man manche muntere Ecke der Maxvorstadt fälschlicherweise direkt dem vermeintlich noch leichtlebigeren benachbarten Schwabing zuschlägt. Was aber im toleranten München zu den eher lässlichen Sünden zählt.

Unser Spaziergang durch die Maxvorstadt beginnt quasi im Rücken des Königsplatzes an der Ecke Brienner Straße/Luisenstraße. Hier steht das gelb getünchte denkmalgeschützte Lenbachpalais, das die **Städtische Galerie im Lenbachhaus 1** beherbergt, und dessen moderner Anbau. Zudem befindet sich im Zwischengeschoss des U-Bahnhofs Königsplatz auch noch der sogenannte Kunstbau des Lenbachhauses. Die Villa des Münchner Malerfürsten Franz von Lenbach wurde 1891 nach Plänen von Gabriel Seidl fertiggestellt und besitzt einen wunderschönen öffentlich zugänglichen Garten. Ursprünglich eine Sammlung in München wirkender oder mit München verbundener Künstler ist das Lenbachhaus heute in erster Linie mit den Werken der Gruppe „Der Blaue Reiter" verbunden, also mit Malerinnen und Malern wie Marianne von Werefkin, Gabriele Münter, Alexej Jawlensky, Wassily Kandinsky, Franz Marc oder August Macke. Aber auch Werke von Joseph Beuys oder Gerhard Richter sind hier zu sehen.

Am Lenbachhaus vorbei geht es weiter die Luisenstraße entlang in Richtung Norden. Bereits im nächsten Haus auf der linken Seite ist das **Geologische Museum 2** untergebracht, der öffentliche Teil der Bayerischen Staatssammlung für Paläontologie und Geologie (außen findet sich allerdings kein Hinweis darauf). Im selben Gebäudekomplex, allerdings mit dem Haupteingang in der parallel zur Luisenstraße verlaufenden Richard-Wagner-Straße, ist auch noch das ebenfalls frei zugängliche **Paläontologische Museum** beheimatet.

Wir setzen unseren Spaziergang in der Luisenstraße fort, und schon das nächste Gebäude an der Ecke zur Gabelsbergerstraße ist wieder ein ganz besonderes: Der von außen

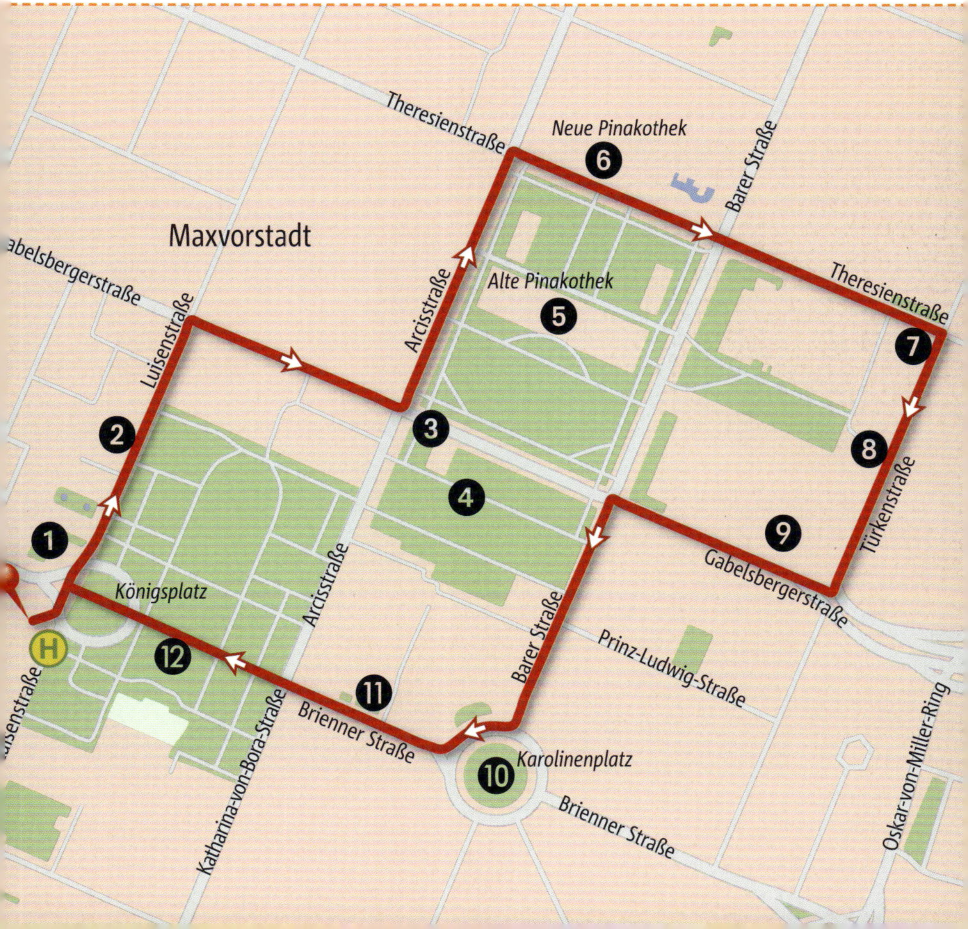

Skulptur „Present Continuous" von Henk Visch

recht unspektakuläre 1950er-Jahre-Bau, heute eine Dependance der Hochschule für Musik und Theater, sollte ursprünglich Betriebsort des ersten deutschen Kernforschungsreaktors werden – und das mitten in München. Doch der aus heutiger Sicht geradezu abenteuerliche Plan war dann selbst in der eigentlich eher kernkraftzugewandten Nachkriegszeit nicht durchzuhalten.

Wir biegen nun nach rechts in die Gabelsbergerstraße ein. Begleitet von den lang gezogenen Häuserfassaden der Technischen Universität auf der linken Straßenseite überqueren wir nach etwa 200 Metern die Arcisstraße und stehen dann an der Freitreppe zum Eingang des **Staatlichen Museums Ägyptischer Kunst** 3. Dessen Ausstellungsräume liegen komplett unterirdisch unter der weiten Grünfläche – auf der sich uns ein gebückter Mensch im Kunstwerk „Present Continuous" von Henk Visch präsentiert – und beherbergen eine der beeindruckendsten Sammlungen ägyptischer Kunst weltweit. Das wuchtige, 2011 aus Beton und Glas fertiggestellte Gebäude im Hintergrund teilt sich das Museum mit der **Hochschule für Fernsehen und Film (HFF)** 4, die in ihrer Geschichte schon so bekannte Absolventen wie Roland Emmerich, Wim Wenders oder natürlich Bernd Eichinger hervorgebracht hat, nach dem sogar eigens ein Platz an der HFF benannt wurde.

Der Sehstrahl der Skulptur von Henk Visch am Staatlichen Museum Ägyptischer Kust gelangt bis in die unterirdischen Ausstellungsräume.

Alte Pinakothek

Am Eingang zum Museum Ägyptischer Kunst wechseln wir die Straßenseite hinüber an die große Freifläche an der Alten Pinakothek. An deren westlicher Schmalseite spazieren wir die Arcisstraße entlang, passieren auch die fast spiegelbildliche Grünfläche auf der anderen Seite und biegen dann nach rechts in die Theresienstraße ein, welche die Neue Pinakothek zur Linken von der Alten Pinakothek auf der rechten Seite trennt. Ein wenig später werden wir dann auch noch an der Pinakothek der Moderne vorbeiflanieren.

Die drei Münchner Pinakotheken (aus dem Griechischen für „Bildersaal, Gemäldesammlung") decken jeweils eine andere Zeitepoche ab und machen München damit zu einer Museumsstadt von Weltrang. Die **Alte Pinakothek 5** ist den alten Meistern gewidmet und zeigt Werke von Leonardo da Vinci über Albrecht Dürer bis hin zu Peter Paul Rubens und Rembrandt van Rjin, um nur die bekanntesten Künstler zu nennen. Untergebracht sind all die kostbaren Gemälde in jenem lang gestreckten Galeriebau der Pinakothek von 1836, der wieder einmal einen Auftrag Ludwigs I. an seinen Hofarchitekten Leo von Klenze darstellte. Das Gebäude wurde im Zweiten Weltkrieg schwer beschädigt und später von Hans Döllgast bewusst inklusive einiger „Narben" wiederaufgebaut, indem er zerbombte Stellen nur mit unverputztem Mauerwerk versah.

Das Museum Brandhorst ergänzt die drei Pinakotheken im Münchner Kunstareal.

Diese umfangreiche Gemäldesammlung wurde relativ bald auch vom Namen her zur Alten Pinakothek, als sich 1853 die **Neue Pinakothek 6** auf der anderen Straßenseite etablierte. Nach Plänen von Klenzes langjährigem Konkurrenten Friedrich von Gärtner vollendete schließlich August von Voit das Gebäude, um die damals zeitgenössische Kunst den alten Meistern in der Alten Pinakothek gegenüberzustellen. Heute umfasst die Sammlung Werke aus dem gesamten 19. Jahrhundert, mit Abstechern sowohl ins späte 18. als auch ins frühe 20. Jahrhundert. Darunter befinden sich Werke solch berühmter Maler wie William Turner, Paul Cézanne, Vincent van Gogh, Claude Monet oder auch des Münchners Carl Spitzweg. Im Gegensatz zu ihrer älteren Schwester überstand die Neue Pinakothek den Zweiten Weltkrieg leider in so schlechtem Zustand, dass ein Wiederaufbau unmöglich wurde. Und es sollte noch bis ins Jahr 1981 dauern, bis ein – nicht immer unumstrittener – postmoderner Neubau von Alexander Freiherr von Branca den zahlreichen Kunstschätzen wieder eine Heimat bieten konnte. Zurzeit befindet sich die

FOREVER

Neue Pinakothek in einer Renovierungsphase, die wohl erst im Jahr 2025 ihren Abschluss findet. Bis dahin sind einige Werke im Ostflügel der Alten Pinakothek und in der Sammlung Schack (Spaziergang 3) in der Prinzregentenstraße zu sehen.

Wir folgen der Theresienstraße weiter am sogenannten Mathebau der Ludwig-Maximilians-Universität vorbei, an dessen Ende sich auch das **Reich der Kristalle,** ein Museum der Mineralogischen Staatssammlung München, befindet. Direkt daran schließt an der Ecke zur Türkenstraße das **Museum Brandhorst** 7 an, eine Kunstsammlung des Ehepaars Udo und Anette Brandhorst, die seit den 1970er-Jahren bedeutende Kunstwerke des 20. und 21. Jahrhunderts zusammengetragen hatten, darunter beispielsweise über 100 Arbeiten von Andy Warhol, aber auch Werke von Pablo Picasso, Joseph Beuys oder Damien Hirst. So spektakulär die Kunst im Museum selbst, so aufregend ist auch die Architektur des Gebäudes: Von der Stadt München geplant und ge-

Pinakothek der Moderne

baut und vom Freistaat Bayern finanziert wirkt das Museum von außen fast selbst wie ein modernes abstraktes Gemälde. Diese Wirkung verdankt es 36.000 stäbchenförmigen Keramikflächen in 23 verschiedenen Farben, die je nach Blickwinkel des Betrachters immer einen völlig anderen Eindruck von der Farbigkeit des Hauses vermitteln.

Gelegenheit, all diese Farbspiele auszukosten, bekommen wir, wenn wir nun das gesamte Gebäude nach rechts in die Türkenstraße begleiten, wo wir schließlich auf das **Türkentor** **8** treffen. In dessen Innerem ist das Kunstwerk **Large Red Sphere** des US-Amerikaners Walter De Maria ausgestellt, das tatsächlich und somit völlig korrekt übersetzt schlichtweg eine große rote Kugel zeigt – diese ist dann aber auch gleich volle 25 Tonnen schwer. Das Tor selbst ist der letzte Rest der sogenannten Türkenkaserne aus dem Jahr 1826. Und vielleicht als kleiner Exkurs zur Namensgebung: Das Türkentor bezog seinen Namen von der Türkenkaserne, diese ihren von der Türkenstraße und diese ihren wiederum vom Türkengraben – einem Kanal, der hier Anfang des 18. Jahrhunderts maßgeblich von türkischen Kriegsgefangenen ausgehoben worden war – so dachte man zumindest die längste Zeit. Als sich später herausstellte, dass die letzten Kriegsgefangenen aus dem Großen Türkenkrieg allerdings bereits einige Jahre vor Baubeginn ausgetauscht worden waren, machte man sich dann aber auch nicht mehr die Mühe, das Namenskarussell noch einmal zurückzudrehen. Vielmehr ist die Türkenstraße heute vor allem zwischen der Kreuzung mit der Theresienstraße und der nördlich gelegenen Kreuzung mit der Adalbertstraße als beliebte Einkaufs- und Ausgehmeile bekannt.

Die Pinakothek der Moderne ist die jüngste der drei Münchner Pinakotheken.

Uns führt die Türkenstraße aber weiter Richtung Süden zur **Pinakothek der Moderne** **9**, also der dritten Pinakothek im Bunde. Diese vereint eigentlich sogar gleich vier Museen: So gibt es jeweils Sammlungen für moderne Kunst, für Grafik, für Design und für Architektur. Ausgangspunkt für alle vier Sammlungen ist die Rotunde unter der gewaltigen Kuppel in der Mitte des 2002 eröffneten Gebäudes (Architekt: Stephan Braunfels). Und im Wortsinn ganz am Rande des Hauses steht noch eine besondere Kuriosität: Das „Ufo" auf der Wiese nördlich der Pinakothek ist in Wahrheit ein Exemplar der sogenannten Futuro-Serie des Designers und Architekten Matti Suuronen. Ende der 1960er-Jahre wollte der Finne damit eine leicht transportable und hochfunktionale Behausung schaffen, die beispielsweise als Berghütte oder Wochenendhaus dienen sollte – eine Idee, die sich bisher noch nicht so ganz durchsetzen konnte.

Am Karolinenplatz treffen die Barer und die Brienner Straße aufeinander.

Wir biegen nach rechts wieder in die Gabelsbergerstraße ein, passieren die Pinakothek an ihrer Südseite und halten uns dann nach links in die Barer Straße. Diese ist wie die nahe Brienner Straße nach einem französischen Ort (Bar-sur-Aube) benannt, an dem 1814 eine bedeutsame Schlacht in den Befreiungskriegen gegen Napoleon geschlagen wurde. Im Kreuzungspunkt von Barer und Brienner Straße liegt der **Karolinenplatz 10,** der unser nächstes Ziel darstellt.

Seinen Namen erhielt der kreisrunde Platz von Karoline von Baden, der zweiten Frau des späteren Kurfürsten und Königs Maximilian I. Joseph. Aus der Mitte ragt ein schon von

Karolinenplatz

Weitem gut sichtbarer schwarzer **Obelisk,** für dessen Errichtung 1833 aufs Neue Leo von Klenze im Auftrag Ludwigs I. verantwortlich zeichnete. Gewidmet ist er den 30.000 bayerischen Soldaten, die 1812 an Napoleons Seite in dessen Russlandfeldzug zogen – und nie wieder heimkehrten. Dabei verstand es Ludwig I., diese armen Gesellen mit der Inschrift „Auch sie starben für des Vaterlandes Befreyung" gleichzeitig aber auch zu Freiheitskämpfern gegen Frankreich umzudeklarieren, weil Bayern 1813 die Seiten gewechselt und sich nun gegen den Kaiser der Franzosen gewandt hatte.

Von der Barer Straße gelangen wir rechts auf dem kürzesten Weg in die Brienner Straße, die uns direkt weiter in Richtung Königsplatz führt. Auf der rechten Straßenseite fällt ein aus weißem Sichtbeton bestehender kubischer Bau auf: das **NS-Dokumentationszentrum 11.** Es entstand auf dem Grund des ehemaligen Palais eines englischen Unternehmers namens William Barlow, der dieses 1930 an die Nationalsozialisten verkaufte. Deren – letztlich auch erfolgreiches – Bestreben war es, die Umgebung rund um Königs- und Karolinenplatz zu ihrem „Parteiviertel" auszubauen, weshalb unter anderem aus der Villa Barlows auch ein Jahr später das sogenannte Braune Haus als Zentrale der NSDAP wurde.

NS-Dokumentationszentrum

Hinter dem Dokumentationszentrum findet sich in der Arcisstraße auch noch der ehemalige „Führerbau" und nahezu spiegelbildlich im identischen Baustil auf der anderen Straßenseite in der Katharina-von-Bora-Straße das frühere NSDAP-Verwaltungsgebäude. Beide Monumentalbauten dienen heute universitären Zwecken.

Ein paar Meter weiter öffnet sich die Brienner Straße und geht schließlich in den **Königsplatz 12** über. Verbunden bleiben wird dieser Ort wohl immer mit den gewaltigen Aufmärschen aus der NS-Zeit und nicht zuletzt auch mit den ersten Bücherverbrennungen vermeintlich undeutscher Literatur bereits relativ bald nach der sogenannten Machtergreifung im Jahr 1933. Allerdings diente der Königsplatz schon lange vor der Gewaltherrschaft der Nationalsozialisten als Veranstaltungsstätte für allerlei öffentliche und auch politische Versammlungen – und tut dies heute noch.

Die Propyläen bilden den optischen Abschluss des Königsplatzes.

Ein wenig unwirklich erscheint dieser so geschichtsträchtige Ort dennoch immer: Die geballte griechisch-klassizistische Wucht der Gebäude – im an solcherlei Bauten ja nun wahrlich nicht armen München – verbunden mit der ausladenden Weite des Platzes in der sonst so dicht bebauten Großstadt verleihen dem Königsplatz doch etwas sehr Entrücktes. Aber vermutlich war es ja genau dieser Effekt, den das bewährte Gespann Ludwig I. und Leo von Klenze erzielen wollte, als es ab 1816 (ursprünglich nach Plänen von Karl von Fischer) begann, sein kleines „Isar-Athen" zu schaffen.

Als erstes Gebäude entstand von 1816 bis 1830 die **Glyptothek** (griechisch für „Skulpturensammlung") an der Nordseite des Königsplatzes. Sie war das erste öffentliche Museum in München und zeigt eine Reihe von griechischen und römischen Skulpturen, Reliefs und Mosaiken aus der Zeit von etwa einem halben Jahrtausend vor bis in die spätrömische Zeit ein halbes Jahrtausend nach Christi. Charakteristisch für die Glyptothek ist ihre Vorhalle mit den acht ionischen Säulen.

Acht korinthische Säulen hingegen verleihen den **Staatlichen Antikensammlungen** gegenüber auf der Südseite des Königsplatzes ihr typisches Aussehen. Hier sind vor allem Keramiken, Gläser und Schmuck aus der etruskischen, römischen und griechischen Kultur ausgestellt. Erbaut wurde

Bayerische Bohème

Wohl kaum ein Stadtteil der an attraktiven Vierteln wahrlich nicht armen Metropole München steht so für ein besonderes Lebensgefühl wie Schwabing. Und auch wenn dessen bohemienhafter Charme, der seit Ende des 19. Jahrhunderts unzählige (Lebens-)Künstler anzog, im Laufe der Zeit ein wenig verblasste, gilt vor allem Altschwabing bis heute als eine der begehrtesten – und inzwischen natürlich auch teuersten – Wohnadressen. Ein Grund hierfür liegt sicherlich auch an der Nähe zu einer weiteren Münchner Institution: dem Englischen Garten. Dieser steht ebenso wie Schwabing selbst für die berühmte Liberalitas bavariae, der bayerischen Variante des Leben-und-leben-Lassens – und dies nicht nur wegen der„Nackerten" am Schwabinger Bach.

Wo sonst sollte ein Spaziergang durch Schwabing beginnen als an der **Münchner Freiheit 1?** Zum einen ein hektischer Verkehrsknotenpunkt mit U-Bahn-, Bus- und Trambahnanschluss unter der bekannten grün-weißen Haltestellenüberdachung, zum anderen ein quirliges Einkaufs- und Ausgehviertel, steht der Name zugleich auch für ein ganz besonderes Münchner, wahrscheinlich aber auch explizit Schwabinger Lebensgefühl. Ihren Namen verdankt die Münchner Freiheit allerdings einem weniger schönen Anlass: nämlich dem Gedenken an die sogenannte Freiheitsaktion Bayern, die in den letzten Tagen des Zweiten Weltkriegs für eine gewaltlose Kapitulation und die Übergabe der Stadt an die Amerikaner eintrat, was viele ihrer Mitglieder wegen „Wehrkraftzersetzung" mit ihrem Leben bezahlten.

Verlassen wir die Haltestelle in Richtung Norden an der Häuserzeile zur Rechten vorbei, stoßen wir auf das **Café Münchner Freiheit,** wo ein ganz besonderer Vertreter dieser Schwabinger Lebensart die Gäste beobachtet: In Bronze gegossen sitzt dort auf der Terrasse der Schauspieler **Helmut Fischer 2** verewigt, der vor allem in seiner Rolle als „Monaco Franze" wie kein anderer den typischen Münchner Stenz zu

Helmut Fischer

Auch zu Lebzeiten traf man Helmut Fischer am Café Münchner Freiheit.

geben wusste, einen echten Lebemann mit kleinen Schwächen.

Wir verlassen das Café Münchner Freiheit wieder, das übrigens auch einer in den 1980er-Jahren recht erfolgreichen Band als Namensgeber diente, und schlendern nach ein paar Metern rechts in die Marschallstraße, um dann gleich wiederum nach rechts in die Marktstraße abzubiegen. Dieser folgen wir, bis es nach einem Zebrastreifen nach links in die Haimhauserstraße geht. An der Ecke Ursulastraße verweist ein oran-

zum **Seehaus** mit seinem einladenden Biergarten. Am südlichen Ende des Biergartens erinnert ein weiteres **Denkmal** auch noch an **Friedrich Ludwig von Sckell,** nicht ohne dem vorbeiziehenden „Lustwandler" (so eine Inschrift) noch eine eingemeißelte Weisheit mit auf den Weg zu geben: „Der Staub vergeht, der Geist besteht." Immerhin.

So beseelt lustwandeln wir dann eben weiter bis zur Südspitze des Sees und nehmen direkt den Weg an einem kleinen Kiosk vorbei, der uns immer geradeaus und nach etwa 500 Metern schließlich an den **Chinesischen Turm** **6** führt – oder wichtiger noch für die meisten Besucher: an den Biergarten am Chinesischen Turm. Mit seinen 7000 Sitzplätzen ist er der zweitgrößte in ganz München und umringt die 25 Meter hohe chinesische Pagode, die erstmals Ende des 18. Jahrhunderts errichtet wurde, als der chinesische Baustil auch in Europa schwer in Mode war. Im Laufe der Zeit kam es wegen mehrerer Brände immer wieder zu Nachbauten des Originals:

Kleinhesseloher See

Blick vom Monopteros

So stammt etwa die aktuelle Version aus dem Jahr 1952.

Wenn wir am Turm links abbiegen und unseren Weg am angrenzenden Restaurant vorbei Richtung Süden fortsetzen, führt uns nach kurzer Strecke ein schmaler Weg hinauf zum **Monopteros 7,** einem von Leo von Klenze 1836 geschaffenen Rundtempel in klassizistisch-griechischem Stil, von dem aus ein weiter Ausblick auf den südlichen Teil des Englischen Gartens und die typischen Bauten der Münchner Altstadt garantiert ist. In den 1960er- und 1970er-Jahren galt der Monopteros auch als Tummelplatz der Münchner Gegenkultur – für weniger gutmeinende Zeitgenossen also für die damals sogenannten Gammler.

Vom Monopteros sind unter anderem die Staatskanzlei, der Alte Peter und der Turm des Neuen Rathauses zu sehen.

Monopteros

Wir verlassen den Monopteros über den anderen möglichen Weg wieder, halten uns unten am Hügel rechts und biegen dann nach gut 80 Metern nach links in Richtung Schwabinger Bach ab, den wir überqueren und wieder in Richtung Stadt, genauer gesagt in Richtung Maxvorstadt, gehen. Am **Kiosk Milchhäusl** vorbei überqueren wir die Königinstraße und folgen der Veterinärstraße bis zum historistischen Hauptgebäude der **Ludwig-Maximilians-Universität 8** an der Ludwigstraße. Die 1472 – allerdings in Ingolstadt – gegründete Hochschule unterrichtet heutzutage um die 50.000 Studenten in rund 190 Studiengängen.

Von der anderen Straßenseite aus fällt der Blick stadteinwärts auf die Feldherrnhalle in der Ferne und auf die nähere **Ludwigskirche 9,** die Pfarr- und Universitätskirche in ihrem historistischen Rundbogenstil. Im Auftrag von Ludwig I. (1786–1868) schuf Friedrich von Gärtner das imposante Gotteshaus mit seinen charakteristischen Doppeltürmen und dem zweitgrößten Altarfresko weltweit.

Ludwigskirche

Wir spazieren stadtauswärts und folgen der Ludwigstraße auf der linken Straßenseite. Kurz vor dem Siegestor biegt die Akademiestraße nach links ab und führt zur **Akademie der Bildenden Künste 10.** Die 1808 von König Maximilian I. Joseph (1756–1825) aus der Taufe gehobene Münchner Kunsthochschule ist seit 1885 in dem beeindruckenden dreiflügeligen Neorenaissancebau von Gottfried von Neureuther beheimatet. Im Jahr 2005 kam am Ende der Akademiestraße noch der ebenso sehenswerte, im Stile des Dekonstruktivismus gestaltete Erweiterungsbau des Architekturbüros Coop Himmelb(l)au hinzu.

Die Akademie der Bildenden Künste ist eine Kunsthochschule mit langer Tradition.

Wir kehren zurück ans **Siegestor 11,** das nicht nur die Stelle markiert, wo die Ludwigstraße zur Leopoldstraße wird, sondern auch die Grenze zwischen der Maxvorstadt und Schwabing darstellt. Der von Ludwig I. in Auftrag gegebene Renommierbau wurde ab 1843 von Friedrich von Gärtner

Akademie der Bildenden Künste

begonnen und nach dessen Tod 1847 von seinem Schüler Eduard Metzger 1850 vollendet. Das Siegestor stellt quasi den baulichen Konterpart zur Feldherrnhalle am Anfang der Ludwigstraße dar. Es ist laut Inschrift „Dem bayerischen Heere" gewidmet und wird von einer Quadriga gekrönt, welche die Bavaria in einem von vier bayerischen Löwen gezogenen Streitwagen zeigt. Der Blick der Bavaria richtet sich gen Norden, also stadtauswärts nach Schwabing. Seit dem Ende des Zweiten Weltkriegs, in dem das Tor schwer beschädigt wurde, trägt es an seiner Südseite die Inschrift „Dem Sieg geweiht · Vom Krieg zerstört · Zum Frieden mahnend" – als späte Erkenntnis, dass ein Krieg eben niemals nur aus glorreichen Siegen bestehen kann.

Von der Leopoldstraße fällt der Blick stadteinwärts auf das Siegestor.

Wir folgen der Leopoldstraße – benannt nach einem Sohn von Prinzregent Luitpold (1821–1912) – weiter nach Norden. Die lang gestreckte, von Pappeln gesäumte Allee dient in der Tat nicht nur als Jubelstrecke für diverse Autokorsos, falls der eine der beiden großen Münchner Vereine mal wieder eine Meisterschaft für sich entschieden haben sollte, sondern ist auch unter den verschiedenen Flaniermeilen der Stadt sicherlich nicht die unbedeutendste. Gute 400 Meter nach dem Siegestor treffen wir auf der rechten Straßenseite vor der Konzernzentrale der Munich Re (oder: Münchner Rück) auf die gigantische Skulptur **Walking Man** 12 von Jonathan Borofsky. An den Beinen des weißen Riesen vorbei geht es immer weiter die Leopoldstraße entlang, bis nach rechts einmal die Nikolaistraße abbiegt. Am angrenzenden Nikolaiplatz steht nicht nur der kleine, nett anzuschauende **Fischerbrunnen**, sondern gegenüber mit der **Seidlvilla** auch eine echte Schwabinger Institution, ein Veranstaltungsort für Konzerte, Lesungen, Ausstellungen und vieles mehr.

Die Nikolaistraße biegt an ihrem Ende nach links in die Werneckstraße ab, an deren Ende das **Schloss Suresnes** (oder auch Werneckschlössl) mit seinem hübschen französischen Garten steht. Das edle Haus ist heute eine Tagungsstätte der Katholischen Akademie.

Leopoldstraße und Siegestor

Walking Man

Wiederum nach links geht es in die Feilitzschstraße, wo zwei Häuser weiter das kleine Theater **Heppel & Ettlich** beheimatet ist (Hausnummer 12). Die beiden namensgebenden Gründer haben sich aus dem aktuellen Geschäft zwar schon zurückgezogen, dennoch finden nach wie vor anspruchsvolle Aufführungen und feine Konzerte etwas abseits des Massengeschmacks statt. Am Ende der Feilitzschstraße treffen wir dann zum Abschluss unseres Spaziergangs wieder auf die Münchner Freiheit.

Münchner SERIENMEISTER

Der Vorzeige-Schwabinger Helmut Dietl schuf unter anderem die „Münchner Geschichten" (1974) mit Günther Maria Halmer, den „Monaco Franze" (1983) mit Helmut Fischer (Monaco di Baviera ist der italienische Name für München) und „Kir Royal" (1986) mit Franz Xaver Kroetz und Dieter Hildebrandt. Die meisten Figuren Dietls wären dabei ohne ihren explizit Münchner Hintergrund wohl kaum vorstellbar.

Franz Xaver Bogner ließ seine Serien „Zeit genug", „Familie Meier", „Zur Freiheit", „Café Meineid" und natürlich „München 7" in der bayerischen Hauptstadt spielen. Für „Irgendwie und sowieso" sowie „Der Kaiser von Schexing" brauchte er hingegen eine eher ländlichere Kulisse und schuf zwei fiktive Orte im allerdings real existierenden Landkreis Ebersberg im Osten von München.

Der Kabarettist, Autor und Schauspieler Gerhard Polt, ein im Gegensatz zu Dietl und Bogner gebürtiger Münchner, wurde vor allem mit seiner szenischen Serie „Fast wia im richtigen Leben" (1979) bekannt. Neben einigen Kinofilmen und Theaterstücken schrieb und sprach Polt zu Beginn seines Schaffens auch das Hörspiel „Als wenn man ein Dachs wär' in seinem Bau", das wie Dietls „Münchner Geschichten" schon in den 1970er-Jahren die neudeutsch Gentrifizierung genannte Sanierungswut und Verdrängung der alteingesessenen Bevölkerung in München zum Thema hatte.

7 BOGENHAUSEN UND HAIDHAUSEN

Start/Ziel: Prinzregentenplatz, 81675 München
(GPS: 48.139260, 11.606633)
Länge: ca. 4,5 Kilometer
Dauer: ca. 2 Stunden
ÖPNV: U-Bahn-Linie U4, Buslinien 54, 58, 68, 100
Parken: entlang der Einsteinstraße, Parkgarage Gasteig
(Rosenheimer Straße 5), Tiefgarage Hofbräukeller (Innere Wiener Straße 15)

Unterwegs entdeckt:

1 Prinzregententheater
2 Haidhauser Friedhof
3 Sankt Johann Baptist
4 Wiener Platz
5 Sankt Nikolai am Gasteig
6 Kulturzentrum am Gasteig
7 Müllersches Volksbad
8 Muffatwerk
9 Maximilianeum
10 Maximiliansanlagen
11 Friedensengel
12 Villa Stuck

Essen + Trinken:

Johannis Café, Johannisplatz 15, 81667 München,
Tel. 0 89/4 80 12 40
(urwüchsige Traditionskneipe mit wohltuend gemischtem Publikum)

Little Rabbit´s Room, Wiener Platz 6, 81667 München,
Tel. 0 89/62 18 92 29, www.little-rabbits-room.de
(verspieltes Café mit allerlei Gebäck und herzhaften Kleinigkeiten)

Crêperie Bernard & Bernard, Innere Wiener Straße 32,
81667 München, Tel. 0 89/4 80 11 73, www.creperie-bernard.de
(französisch-bretonische Küche auch über Crêpes und Galettes hinaus)

Rechts der Isar

Obwohl die beiden „Hausens“ rechts der Isar direkt aneinandergrenzen, werden sie in der Regel doch recht unterschiedlich wahrgenommen. Dies mag zum einen daran liegen, dass Bogenhausen – zusammen mit einigen anderen Stadtteilen – ebenso einen eigenen Stadtbezirk bildet wie Haidhausen im Verbund mit der Au. Zum anderen zeigten sich aber auch lange Zeit soziale Unterschiede: Denn während Bogenhausen wegen seiner Villen- und Diplomatenviertel (was sich natürlich nicht ausschließen muss) immer der Hauch des reichen und mondänen Münchens umwehte, galt Haidhausen seit jeher als Kleine-Leute-Quartier und Handwerkerviertel. Erst in der jüngeren Vergangenheit glichen sich die Stadtteile etwas aneinander an, sodass auch Haidhausen heute ein durchaus begehrter Wohnort geworden ist.

Unser Spaziergang beginnt am **Prinzregentenplatz** direkt vor dem **Prinzregententheater 1**, beide natürlich benannt nach Prinzregent Luitpold von Bayern (1821–1912), der wenig verwunderlich auch der aus der Innenstadt hier hinaus ins südliche Bogenhausen führenden Prinzregentenstraße (auch Spaziergang 3) seinen Namen lieh.

Prinzregententheater

„Der deutschen Kunst“ – diese Widmung prangt über dem Eingangsportal des 1901 eröffneten Prinzregententheaters, meinte damit aber wohl ursprünglich eigentlich nur die Musik von Richard Wagner. So lehnt sich das von Max Littmann entworfene Theater auch architektonisch deutlich an das berühmte Festspielhaus in Bayreuth an. Schon unter dem großen Wagner-Bewunderer Ludwig II. (1845–1886) gab es Pläne für ein ähnliches Projekt, was unter anderem aber am mangelnden Geld und wohl auch am fehlenden Enthusiasmus des Kom-

Haidhauser Friedh

ponisten selbst scheiterte. Heute präsentiert das Prinzregententheater ein abwechslungsreiches und spartenübergreifendes Programm.

Wagner begegnen wir auch in Form eines Denkmals in der kleinen Parkanlage rechts neben dem Prinzregententheater noch einmal wieder, bevor wir zwischen Theater und Park die Nigerstraße bis zu deren Ende entlangspazieren. Wir passieren rechts den Spielplatz und gelangen über den Walter-Heerde-Weg zur Einsteinstraße. Auf der anderen Straßenseite liegt die Nordseite des sehr würdevollen und ruhigen **Haidhauser Friedhofs 2,** wohl eine der ältesten Grünanlagen

Das Prinzregententheater wurde im Jahr 1901 eröffnet und zählt damit eher zu den jüngeren Spielstätten in München.

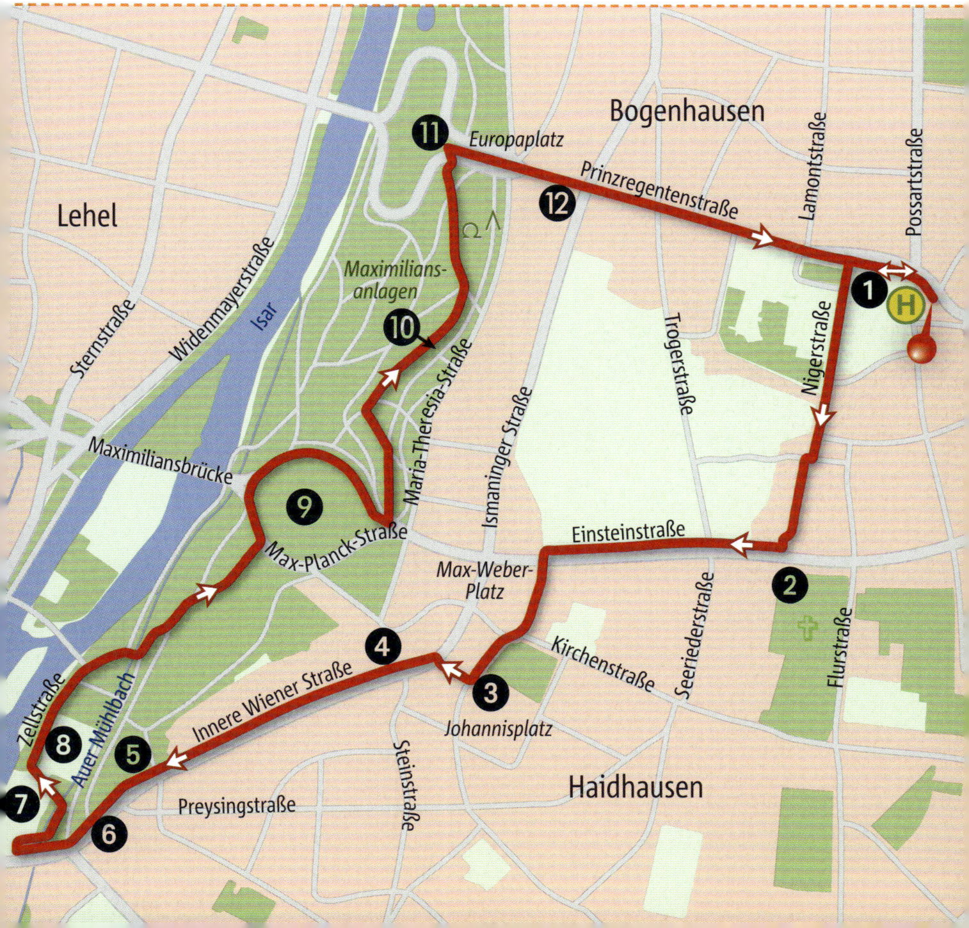

der Stadt. Wir folgen der Einsteinstraße nach rechts, kommen nach gut 100 Metern am Klinikum rechts der Isar vorbei und biegen dann noch vor dem Max-Weber-Platz auf der anderen Straßenseite links in die Schloßstraße ein. Von hier aus ist schon der 90 Meter hohe terrakottafarbene Kirchturm von **Sankt Johann Baptist** 3 auszumachen, einem neugotischen Gotteshaus, das unser nächstes Ziel sein wird. Die Johanniskirche wurde 1874 nach den Plänen von Matthias Berger vollendet, einem Schüler des Münchner Renommierarchitekten Friedrich von Gärtner, und ist übrigens nicht zu verwechseln mit der ein paar Hundert Meter weiter in der Preysingstraße gelegenen evangelischen Sankt-Johannes-Kirche.

Direkt vor dem Kirchenportal der Johanniskirche biegt die Chorherrstraße nach rechts ab, ehe uns die Innere Wiener Straße – wie es namentlich ja ihre Aufgabe zu sein scheint – nach ein paar Metern zum **Wiener Platz** 4 führt. Dessen Fußgängerzone wirkt mit ihren nostalgischen Marktständen immer ein wenig wie die kleinere, entschleunigte Version des berühmten Viktualienmarktes in der Altstadt. Vom ohnehin schon architektonisch recht abwechslungsreichen Wiener Platz führt die Straße An der Kreppe übrigens noch zu einem besonders schönen Ensemble jener eher geduckten **Herbergshäuser,** wie sie einmal typisch waren für das damals von kleinen Handwerksbetrieben geprägte Haidhausen.

Kulturzentrum am Gasteig

Wir folgen der Inneren Wiener Straße weiter in Richtung Isar und gelangen an ihrem Ende an die ehemalige Spitalkirche **Sankt Nikolai am Gasteig** 5 – von „gach-steig", also „steile Steige" – mit ihrer vorgelagerten Loretokapelle. Und schräg gegenüber erhebt sich auf der anderen Straßenseite auch schon das teils rot geklinkerte, teils großflächig verglaste **Kulturzentrum am Gasteig** 6**,** das vor allem durch ein besonderes Merkmal auffällt – seine zu so gar nichts anderem in der Gegend passende monströse Architektur. Doch

Müllersches Volksbad

Blick auf Muffatwerk und Müllersches Volksbad

zumindest die inneren Werte des auch schon mal als „Kulturvollzugsanstalt" bespöttelten Baus sprechen dann doch eine andere Sprache: Der 1985 eröffnete Gasteig, der in den nächsten Jahren übrigens umfassende Sanierungsarbeiten erfahren wird, ist schließlich eine der tragenden Säulen des Münchner Kulturlebens. Nicht nur beherbergt er die Münchner Philharmoniker – wenn auch hier und da schon die Akustik des rund 2500 Zuschauer fassenden Konzertsaales bemängelt wurde –, sondern bietet ebenso eine Reihe kleinerer Säle und ist darüber hinaus auch Sitz der Münchner Stadtbibliothek, der Volkshochschule und der Hochschule für Musik und Theater.

Am Ende der Straße führt kurz vor der Ludwigsbrücke die kleine Zellstraße (oder aber auch schon ein Fußweg gute 50 Meter davor) hinunter zum **Müllerschen Volksbad 7.** Hier im 1901 entstandenen Jugendstilbau lässt es sich schwimmen und saunieren wie zu Urgroßvaters Zeiten. Das von Carl Hocheder entworfene Bad war eine Stiftung des Münchner Ingenieurs und Wohltäters Karl Müller, der es der Stadt München zur Auflage machte, auch dem ärmeren Teil der Bevölkerung Zutritt zu gewähren.

Kabelsteg

In direkter Nachbarschaft zum Bad befindet sich ein weiterer Jugendstilbau: Das markant gelb gestrichene **Muffatwerk** 8 zwischen Isar und Auer Mühlbach diente zunächst als Brunnhaus für die Wasserversorgung Haidhausens und ab 1893 als Elektrizitätswerk. Namensgeber war der Münchner Stadtbaurat Franz Karl Muffat, für die nördliche Erweiterung des eigentlich klassizistischen Gebäudes zeichnete ebenfalls Carl Hocheder verantwortlich. Heute dient das ehemalige Kraftwerk mit der Muffathalle als Zentrum einem vielseitigen Kultur- und Gastronomiebetrieb.

Vom Muffatwerk führt der Kabelsteg hinüber zur Praterinsel.

Links am Muffatwerk vorbei führt uns ein ziemlich breiter Fußweg zunächst zur ehemaligen Direktorenvilla des Werks. Dahinter zweigt nach links der **Kabelsteg,** der einst tatsächlich die Kabel für die Straßenbeleuchtung vom Kraftwerk über die Isar in die Innenstadt führte, auf die Praterinsel (Spaziergang 3) ab. Wir halten uns aber rechts, passieren den Spielplatz am Anfang der sich nun öffnenden bewaldeten Parkanlage und überqueren die kleine Brücke über den Auer Mühlbach. Von dort aus biegen wir links ab und halten uns immer etwas bergwärts, bis wir schließlich an einem der bedeutendsten Bauwerke Münchens angelangt sind.

Das **Maximilianeum** 9 bildet den Endpunkt der prächtigen Maximilianstraße (Spaziergang 3) mit seiner Maximiliansbrücke, von der aus man übrigens den besten Blick auf das herrschaftliche Gebäude hat. Umgekehrt bietet wiederum der Ausblick von der Brüstung des Hohen Hauses – das Maximilianeum beherbergt nämlich seit 1949 den Bayerischen Landtag – sehr reizvolle Ansichten der Münchner Altstadt. Gebaut wurde das Maximilianeum von Friedrich Bürklein im Auftrag von König Maximilian II. Joseph (1811–1864) in den Jahren von 1857 bis 1874 als ein Ort der Bildung: Seit 1875 beherbergt es die Stiftung Maximilianeum, die bis heute besonders begabten Abiturienten ein Studium ohne materielle Sorgen ermöglicht, welches „zur Lösung der höheren Aufgaben des Staatsdienstes erforderlich ist“. Kein Wunder also, dass sich auch ein Stipendiat namens Franz Josef Strauß später zu Höherem berufen fühlte.

Wir umrunden das Maximilianeum und verlassen den Gehweg auf seiner Rückseite erst kurz vor der Maria-Theresia-Straße, um in den ersten von zwei möglichen Fußwegen in die **Maximiliansanlagen 10** zu biegen. Dieser in der Mitte des 19. Jahrhunderts angelegte Park steht immer ein wenig im Schatten des viel bekannteren und auch nicht allzu weit entfernten Englischen Gartens – weshalb es hier glücklicherweise aber auch deutlich ruhiger zugeht. Die Anlagen ziehen sich über insgesamt 30 Hektar am Ufer der Isar entlang bis weit nach Bogenhausen hinein. Wir folgen aber zunächst dem Fußweg für etwa 100 Meter, biegen erst nach links und dann nach gut 50 Metern wieder nach rechts ab. Der eingeschlagene Weg führt uns am **Denkmal für Ludwig II.** vorbei, das erst 1967 auf Veranlassung einer Bürgerinitiative vom Bildhauer Anton Rückel erstellt wurde. Bis 1942 zeigte an der Corneliusbrücke übrigens ein anderes Denkmal den Märchenkönig, das in naher Zukunft dort auch wieder seinen Platz einnehmen soll.

Das Maximilianeum beherbergt nicht nur die berühmte gleichnamige Stiftung, sondern ist natürlich auch Sitz des Bayerischen Landtags.

Maximilianeum

Friedensengel

Von der Statue in den Maximiliansanlagen folgen wir dem Weg weiter, bis wir schließlich zum **Friedensengel** **11** gelangen. Das Denkmal ist nicht nur Mittelpunkt des lang gestreckten Parks in Nord-Süd-Richtung, sondern teilt auch die Prinzregentenstraße in einen Westteil im Lehel und einen Ostteil in Bogenhausen. Wobei allerdings schon der Name des insgesamt 38 Meter hohen Friedensengels etwas schönfärberisch erscheint: So sollte der der griechischen Siegesgöttin Nike nachempfundene goldene „Engel" bei der Fertigstellung

Villa Stuck

1899 in erster Linie an den Sieg über Frankreich und die Rückkehr der bayerischen Truppen nach München erinnern – ein Triumph, der 28 Jahre zuvor ja nicht unbedingt mit friedlichen Mitteln errungen worden war. Und wie so häufig bediente man sich schließlich auch hierbei wieder eines antiken Vorbildes, um dieses durchaus neuzeitlichen militärischen Sieges zu gedenken: Aus einem zweistufigen Sockel erwächst nämlich ein griechischer Tempel, der sich in seiner Bildsprache kräftig aus der antiken Sagenwelt, wie etwa aus den Heldentaten des Herakles, bedient – ohne allerdings die beteiligten deutschen Monarchen und Heerführer auszusparen. Auf einer korinthischen Säule thront dann schließlich die goldene Engelsfigur und blickt gestreng über die Luitpoldbrücke und die Prinzregentenstraße in Richtung Innenstadt. In der Regel wird der Friedensengel zusammen

Die Villa Stuck zeigt Werke, aber auch Privat- und Arbeitsräume des Münchner Malerfürsten Franz von Stuck.

mit der **Prinzregent-Luitpold-Terrasse** mit ihren steinernen Treppenaufgängen und dem tiefer gelegenen Springbrunnen als ein zusammenhängendes Bauwerk wahrgenommen, wobei die Terrasse selbst allerdings ein wenig früher entstand.

Wir verlassen den Friedensengel wieder stadtauswärts und folgen der Prinzregentenstraße auf der rechten Straßenseite, wo wir nach wenigen Metern vor der **Villa Stuck** **12** stehen. 1898 nach eigenen Plänen des Münchner Malerfürsten Franz von Stuck fertiggestellt und 1914/15 um ein Atelier erweitert ist sie heute ein Museum der Stadt München. Gezeigt werden private Zimmer und Atelierräume des Meisters, aber natürlich auch dessen Werke. Andere Bilder Stucks sind in der ganzen Welt ausgestellt, etwa in der Eremitage in Sankt Petersburg oder im Musée d'Orsay in Paris.

Entlang der Prinzregentenstraße geht es nach 200 Metern vorbei am **Prinzregentenstadion** („Prinze") und danach wieder zurück zum Ausgangspunkt unseres Spaziergangs, dem Prinzregentenplatz.

Savoir-vivre IN 'AID'AUSEN

Rund um den Pariser und den Weißenburger Platz (französisch: Wissembourg) liegt das sogenannte Franzosenviertel. Seinen Namen verdankt es den umliegenden Straßen und Plätzen – neben den erwähnten auch etwa der Sedan- oder der Gravelottestraße –, die ursprünglich alle an erfolgreiche Schlachten im deutsch-französischen Krieg von 1870/71 erinnern sollten. Heute stehen diese Straßennamen aber wie das ganze Viertel glücklicherweise eher für ein leichtes, eben eher französisch anmutendes Lebensgefühl, was sich auch an der Vielzahl der kleinen Cafés und originellen Läden ringsherum ablesen lässt.

8 OBERGIESING UND AU

Start/Ziel: Tegernseer Platz (Silberhornstraße), 81541 München (GPS: 48.115340, 11.579497)
Länge: ca. 5,5 Kilometer
Dauer: ca. 2,5 Stunden
ÖPNV: U-Bahn-Linien U2 und U7, Tramlinien 15 und 25, Buslinien 58 und 148
Parken: Parkplatz Kleiststraße, mehrere Großparkplätze an der nördlichen Hochstraße

Unterwegs entdeckt:

1 Heilig-Kreuz-Kirche
2 Lutherkirche
3 Auer Mühlbach
4 Frühlingsanlagen
5 Deutsches Museum
6 Planetenweg
7 Augiabrunnen
8 Mariahilfkirche
9 Paulaner am Nockherberg
10 Kronepark
11 Ostfriedhof
12 Tegernseer Landstraße

Essen + Trinken:

Wirtshaus in der Au, Lilienstraße 51, 81669 München, Tel. 0 89/4 48 14 00, www.wirtshausinderau.de (Traditionsgaststätte mit den angeblich größten Knödeln der Stadt)

Cafe Blá, Lilienstraße 34, 81669 München, www.cafebla.de (isländische Kaffeekultur mitten in der Au)

Henry hat Hunger, Zeppelinstraße 27, 81541 München, www.henryhathunger.de (viel Atmosphäre auf wenig Platz)

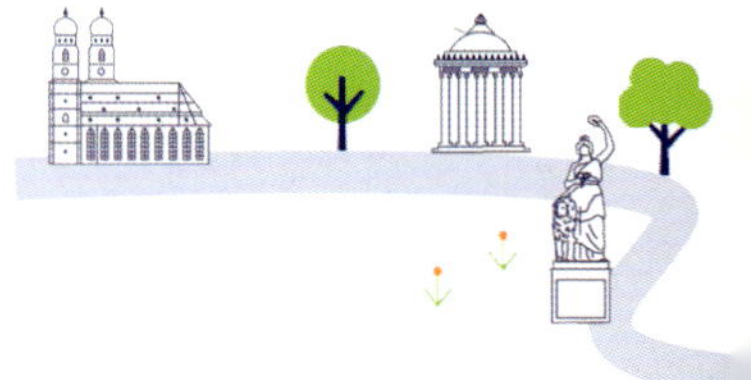

Höhenluft und Bodenhaftung

Bis Mitte des 19. Jahrhunderts waren sowohl Giesing mit seinem Stadtteil Obergiesing als auch die Vorstadt Au mit ihrem damals noch etwas anders definierten Stadtteil Untergiesing (bildet heute zusammen mit Harlaching den Stadtbezirk 18) eigenständige Ortschaften. Exakt am 1. Oktober 1854 erfolgte dann für beide die Eingemeindung in die Stadt München. Vor allem in Giesing wuchs die Einwohnerzahl nach dieser Zäsur beträchtlich an, was auch der immer schneller fortschreitenden Industrialisierung geschuldet war. So gilt Giesing bis heute als klassisches Arbeiterviertel, trotz aller Veränderungen in der modernen Arbeitswelt. Auch die Au war seit jeher – ebenso übrigens wie Haidhausen, mit dem sie den Stadtbezirk 5 bildet – ein Handwerker- und Kleine-Leute-Viertel und musste im Laufe der Zeit ähnlich wie Giesing stetig Wohnraum für die wachsende Arbeiterschaft schaffen. Heute sind Giesing und die Au beliebte Wohngebiete, dabei vor allem in Giesing zu noch einigermaßen bezahlbaren Mieten – oder zumindest zu dem, was man in München noch für bezahlbar hält.

Wir beginnen unseren Streifzug am **Tegernseer Platz,** der als Verkehrsknotenpunkt (offizielle ÖPNV-Bezeichnung: Silberhornstraße) die Tegernseer Landstraße als Hauptstraße Obergiesings teilt. An den U-Bahn-Treppen orientieren wir uns rechts und folgen der Silberhornstraße, bis rechter Hand – über die parallele Ichostraße hinüber – die mächtige **Heilig-Kreuz-Kirche** 1 erscheint. Mit ihrem 95 Meter hohen Turm ist das neogotische Gotteshaus immer ein guter Orientierungspunkt und für die meisten Obergiesinger auch das klassische Wahrzeichen ihres Stadtteils. So trägt beispielsweise die schräg gegenüberliegende Brauerei **Giesinger Bräu** die monumentale Kirche stolz in ihrem Logo – auch wenn die zugegebenermaßen deutlich kleinere evangelische **Lutherkirche 2,** erbaut 1926/27 nach Plänen des Münchners Hans Grässel, sogar noch ein gutes Stückchen näher am Hauptgebäude der Brauerei liegt.

Heilig-Kreuz-Kirche

Die Heilig-Kreuz-Kirche ist das Wahrzeichen Giesings.

Bevor es nach der Heilig-Kreuz-Kirche vierspurig den Giesinger Berg hinuntergeht, wechseln wir ungefähr auf Höhe der kleinen Grotte in der Kirchenmauer die Straßenseite und betreten einen kleinen bewaldeten Fußgängerweg (Poißlweg), der uns in einigen Spitzkehren bis hinunter an die Lohstraße in Untergiesing führt. Dieser folgen wir ein wenig nach rechts, bis sich dann nach links die Mondstraße öffnet, die uns geradeaus auf die Brücke über den **Auer Mühlbach** **3** geleitet. Der Münchner Stadtbach – ursprünglich ein natürlicher Nebenarm der Isar – fließt hier direkt an kleinen, verwinkelten Häuschen vorbei. Der oft strapazierte Vergleich mit den Kanälen Venedigs schießt hierbei sicher ein wenig übers Ziel hinaus, einen hübschen Anblick bietet die Szenerie aber allemal.

Die Verlängerung der Mondstraße ist die Voßstraße, der wir bis zur Kleiststraße folgen, diese dann überqueren und auf dem Fußweg unter den Bahngleisen zur Pilgersheimer

Straße gelangen. Hier gehen wir nach rechts, überqueren dann die Humboldtstraße und betreten somit die Au. Nach etwa 150 Metern biegen wir an den U-Bahn-Aufgängen nach links in die Kolumbusstraße ab. Deren leicht nach rechts versetzte Fortsetzung, die Schlotthauerstraße, führt uns direkt zur Kapelle in den **Frühlingsanlagen** **4.** Das kleine Gotteshaus umgehen wir links und orientieren uns dann nach rechts an den Fußwegen parallel zur Isar. Wir über- oder unterqueren erst die **Reichenbach**- und dann die **Corneliusbrücke** und gelangen so auf dem Fußweg parallel zur Eduard-Schmid-Straße und später zur Zeppelinstraße schließlich zur **Zenneckbrücke,** die uns hinüber zum **Deutschen Museum** **5** führt.

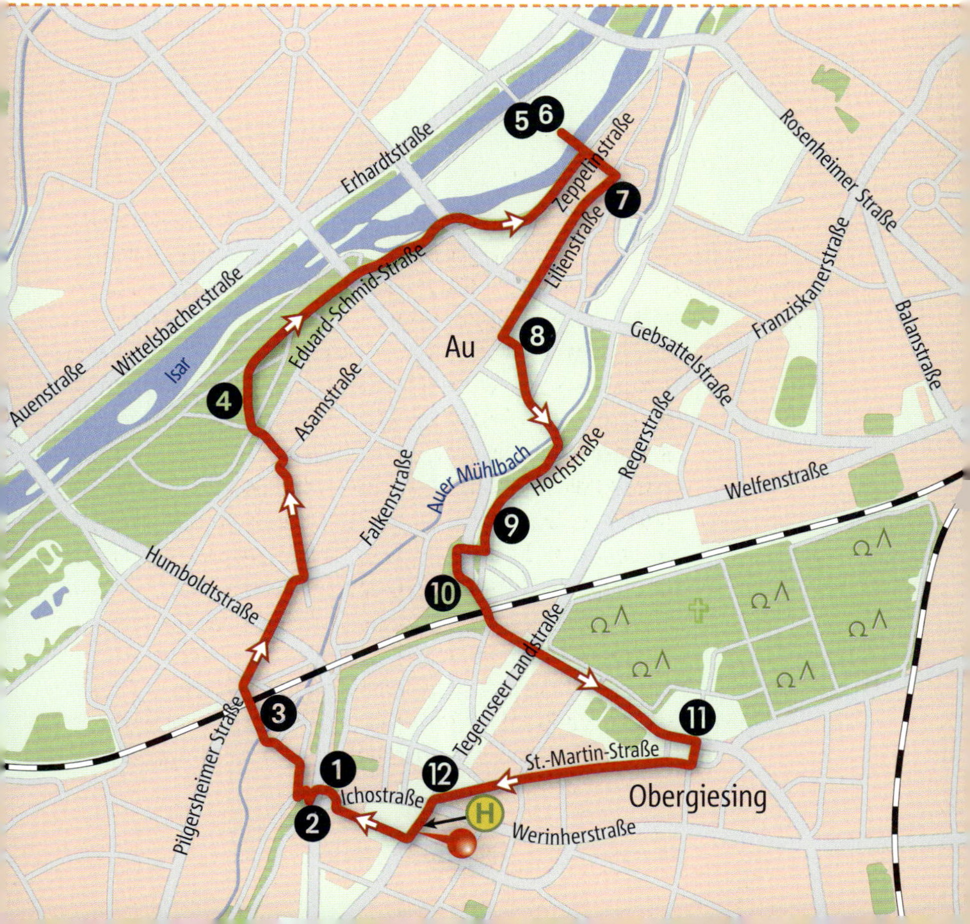

Auer Mühlbach

Das größte Technikmuseum der Welt (offiziell: Deutsches Museum von Meisterschaften der Naturwissenschaften und Technik) liegt auf der ziemlich schlüssig betitelten Museumsinsel mitten in der Isar und wird jährlich von rund 1,5 Millionen Menschen besucht. Auf Anregung des Münchner Ingenieurs Oskar von Miller gelang ab 1903 aus einem Verein heraus der Aufbau erster wissenschaftlicher Sammlungen. Doch es sollte noch bis 1925 dauern, bis das Gebäude auf dem seinerzeit noch Kohleninsel benannten Eiland eröffnet werden konnte. Heute bietet das Deutsche Museum von Astronomie über Bergbau, Luftfahrt, Meeresforschung oder Starkstromtechnik – wer je den Versuch mit dem Faradayschen Käfig miterlebt hat, wird ihn sein Leben lang nicht vergessen – bis hin zu Umweltthemen eine solche Fülle an Wissenschafts- und Technikgebieten, dass ein einziger Besuch sicher nicht ausreicht, um sich einen Gesamteindruck vom Museum zu verschaffen – und wohl auch keine zwei oder drei.

Das Deutsche Museum liegt auf einer Insel mitten in der Isar.

Quasi einen Spaziergang im Spaziergang könnte für besonders Eifrige der **Planetenweg** **6** des Museums darstellen, der entlang der Isar maßstabsgetreu die Planeten unseres Sonnensystems auf kleinen Schautafeln nachstellt. Von der Sonne im Innenhof geht es so 4,5 Kilometer bis zum Pluto am Tierpark Hellabrunn in Harlaching – auch wenn der kleinen kosmischen Steinkugel der Planetenstatus im Jahr 2006 eigentlich offiziell aberkannt wurde.

Wir verlassen das Deutsche Museum wieder über die Zenneckbrücke – an deren Ende übrigens bereits unsere Mutter Erde als Planet zu finden ist – und gehen geradeaus die Schwarzstraße entlang, dann die nächste rechts in die Lilienstraße. Dort plätschert nach ein paar Metern auf der linken Straßenseite der kleine **Augiabrunnen 7** (nach einem Entwurf von Ludwig von Schwanthaler) vor sich hin, dessen Frauengestalt eine Allegorie auf die schöne Au darstellen soll. Wir folgen der Lilienstraße dann noch ein ganzes Stück, bis sich vor uns der für die beengten Münchner Verhältnisse beeindruckend große – und gewöhnlich recht leere – Mariahilfplatz öffnet. Sollte er dem unbedarften Spaziergänger hingegen dennoch einmal reichlich vollgestopft, ja geradezu umtriebig erscheinen, so hat dieser wohl gerade einen günstigen Zeitpunkt erwischt – dann ist nämlich wahrscheinlich **Auer Dult,** ein Drei-mal-im-Jahr-Markt (Maidult: Ende April/Anfang Mai, Jakobidult: Ende Juli/Anfang August, Kirchweihdult: Oktober), der glücklicherweise immer noch mehr ein gemütlicher Trödelmarkt denn ein allzu lärmiges Volksfest ist. Und im Mittelpunkt des Ganzen steht stoisch – zu bewegten wie zu ruhigen Zeiten – die katholische **Mariahilfkirche 8.** Der neugotische Bau stammt aus dem Jahr 1839, eine Vorgängerkapelle wurde aber bereits Mitte des 15. Jahrhunderts errichtet. Nach schweren Bombenschäden im Zweiten Weltkrieg wurde das Gotteshaus wiederaufgebaut und 1953 neu geweiht. Als die Turmspitze in den 1970er-Jahren erneuert werden musste, konnten die Kosten hierfür fast ausschließlich durch Spenden aus der Bevölkerung gedeckt werden.

Augiabrunnen

Bemerkenswert ist auch das sogenannte Carillon (Glockenspiel) im Kirchturm, das aus 65 Einzelglocken besteht und im Jahre 2012 installiert wurde.

Wir verlassen den Mariahilfplatz über dessen südöstliches Ende am weiß-blau getünchten neubarocken Altbau des Landratsamtes vorbei in Richtung Auer Mühlbach. Diesen überqueren wir über die recht breite Fußgängerbrücke, gehen ein kurzes Stück nach rechts und klettern an einem kleinen Brunnen die Stiegen des Joseph-Holzer-Wegs hinauf. Von hier aus führen mehrere Pfade durch ein Wäldchen nach oben zur Hochstraße. Dieser folgen wir weiter nach rechts zum **Paulaner am Nockherberg 9**, wo unter anderem auch die alljährliche Starkbierprobe („Salve, pater patriae! Bibas, princeps optime!") abgehalten wird, das als kabarettistisches Hochfest gehandelte Politiker-Derblecken mit der traditionellen Fastenrede und dem Singspiel. Der Name der

Rund um die Mariahilfkirche findet dreimal im Jahr die Auer Dult statt.

Mariahilfkirche

gesamten Anhöhe leitet sich übrigens von der Münchner Bankiersfamilie Nockher ab, die hier oben in der ersten Hälfte des 19. Jahrhunderts ihre Sommerresidenz errichtet hatte.

Einige Meter weiter die Hochstraße entlang führt eine schmale Fußgängerbrücke hinüber zum **Kronepark 10**, eine fast versteckt wirkende Grünanlage inmitten der Stadt. Die Brauerfamilie Schmederer („Paulaner") verkaufte ihre dort ansässige Villa in den 1930er-Jahren der Zirkusfamilie Krone, die diese ursprünglich zu einem Restaurant erweitern

Kronepark

wollte. Doch spätestens die Zerstörung des Anwesens im Zweiten Weltkrieg durchkreuzte diese Pläne, sodass der Park ohne weitere Bebauung in den 1950er-Jahren als Erholungsgebiet an die Bevölkerung übergeben wurde.

Durch das kleine Portal des südöstlichen Ausgangs betreten wir die Straße Am Nockherberg, die wir vorher ja schon über den Fußgängersteg gequert hatten. Nach rechts geht es weiter über eine Brücke in die Sankt-Bonifatius-Straße. Nun wieder in Obergiesing angelangt, gehen wir weiter bis zur

Ostfriedhof

nächsten Kreuzung. Hier könnte man nach rechts über die quirlige Tegernseer Landstraße wieder zum Ausgangspunkt des Spaziergangs gelangen. Wir aber überqueren noch die Kreuzung und folgen weiter der Sankt-Bonifatius-Straße – immer an der roten Backsteinmauer des **Ostfriedhofs** 11 entlang. An deren Ende erreichen wir nach einer leichten Linkskurve den Sankt-Martins-Platz und somit auch den Haupteingang des riesigen Friedhofs. Auf über 30 Hektar fanden hier neben vielen anderen Münchner Bürgern auch einige Prominente ihre letzte Ruhe, zum Beispiel Schauspieler wie Toni Berger, Erich Hallhuber oder Erni Singerl und Schriftsteller wie Carl Amery, das Ehepaar Elise und Julius Beck oder Jörg Fauser. Und sollte dem einen oder anderen Besucher die monumentale Aussegnungshalle des Friedhofes seltsam bekannt vorkommen: Sie diente in Helmut Dietls (Nicht-nur-aber-vor-allem-)München-Serie „Kir Royal" als Kulisse für das exklusive Restaurant Villa Medici, also für jene „griechisch-römische Plastikbude" für die oberen Zehntausend und die üblichen Münchner Adabeis.

Auf dem Ostfriedhof fanden auch einige Prominente ihre letzte Ruhe.

Auf der gegenüberliegenden Straßenseite führt hinter der rechten Grünfläche des Sankt-Martins-Platzes dann die Sankt-Martin-Straße wieder ins Zentrum Obergiesings zurück. Von hier aus ist auch schon wieder die Turmspitze der Heilig-Kreuz-Kirche zu sehen. Nach knapp 300 Metern biegt übrigens von rechts noch die Zugspitzstraße in die Sankt-Martin-Straße ein. Im Grunde ein zu vernachlässigender Hinweis, würde man sich nicht jedes Mal vorstellen, wie der hier aufgewachsene kleine Franz Beckenbauer in den frühen 1950er-Jahren mit einem alten Lederball am Fuß ebendiese Straße immer hinauf- und hinunterrennt.

Wir lassen uns von solchen Tagträumen aber nicht beirren und folgen der Sankt-Martin-Straße schließlich noch, bis sie an ihrem Ende auf die bereits erwähnte **Tegernseer Landstraße** **12** (oder kurz „TeLa") trifft. Von dieser Lebensader ganz Giesings, der sogar ein eigenes Buch gewidmet wurde, biegen wir nach links ab und haben so nach ein paar Metern unseren Ausgangspunkt am Tegernseer Platz wieder erreicht.

Globale GÄRPROZESSE

Auch wenn das Giesinger Bräu aus der Martin-Luther-Straße mittlerweile sogar eine weitere Braustätte im Münchner Norden betreibt: Dominiert wird der Münchner Biermarkt nach wie vor von den sechs Traditionsmarken, und auch das Oktoberfestbier durfte bisher nur von diesen sechs Brauereien stammen. Allerdings existieren mittlerweile lediglich noch Augustiner-Bräu als älteste Münchner Brauerei und das Staatliche Hofbräuhaus als eigenständige Brauhäuser, während Paulaner und Hacker-Pschorr zur Paulaner Brauerei Gruppe (zu 30 Prozent im Besitz von Heineken) sowie Löwenbräu und Spaten zur noch leichter nachvollziehbar betitelten Löwenbräu-Spaten-Gruppe gehören, die sich wiederum in Besitz der belgischen Anheuser-Busch InBev befindet, der größten Brauereigruppe der Welt.

9 UNTERGIESING UND FLAUCHER

Start/Ziel: Wettersteinplatz, 81547 München
(GPS: 48.109005, 11.574934)
Länge: ca. 7,5 Kilometer
Dauer: ca. 3,5 Stunden
ÖPNV: U-Bahn-Linie U1, Tramlinien 15 und 25
Parken: Parkplatz Tierpark Hellabrunn (Tierparkstraße/Siebenbrunner Straße)

Unterwegs entdeckt:

1 Sankt-Helena-Kirche
2 Trainingsgelände des FC Bayern München
3 Trainingsgelände des TSV 1860 München
4 Wallfahrtskirche Sankt Anna
5 Denkmal für Claude Lorrain
6 Tierpark Hellabrunn
7 Thalkirchner Brücke
8 Flauchersteg
9 Isarkraftwerk
10 Flaucher
11 Archiconvent der Templer
12 Städtisches Stadion an der Grünwalder Straße

Essen + Trinken:

Harlachinger Einkehr, Karolingerallee 34, 81545 München,
Tel. 0 89/64 20 90 93, www.harlachinger-einkehr.de
(bodenständiges bayerisches Wirtshaus seit 1858)

Kiosk 1917, Tierparkstraße 2, 81379 München,
Tel. 0 89/71 93 02 00, www.kiosk1917.de
(netter kleiner Kiosk auf der anderen Seite der Thalkirchner Brücke)

Fausto Kaffeerösterei, Birkenleiten 43, 81543 München,
Tel. 0 89/62 23 11 13, www.fausto-kaffee.de
(gläserne Rösterei mit Probiertheke und Laden)

Löwen und leben lassen

Untergiesing muss ohne die ganz großen Sehenswürdigkeiten auskommen, was hier wohl aber niemanden so richtig stört. Abgesehen von Fußballspielen im Sechzgerstadion wird man keine allzu großen Menschenansammlungen antreffen, denn auch im weitläufigen Tierpark Hellabrunn oder bei schönem Wetter an der Isar kann es zwar schon einmal etwas belebter, aber nie so richtig voll werden. So spürt dieser Spaziergang durch den Süden Münchens auch eher den kleineren Attraktionen am Wegesrand nach und führt ansonsten durch sehr viel Grün. Und dass dabei in einem Stadtteil, in dem die beiden größten Münchner Fußballklubs beheimatet sind, natürlich auch immer deren Trainingsplätze mitgemeint sind, versteht sich fast von selbst.

Hinter der Grünfläche des Wettersteinplatzes steht zunächst aber erst einmal die katholische **Sankt-Helena-Kirche 1**, ein Backsteinbau aus den 1960er-Jahren, bei welchem der beinahe separat stehende Kirchturm und vor allem der in Kreuz-

Säbener Straße

Fanladen des TSV 1860

form gestaltete Grundriss auffallen, der auch dem Innenraum eine besondere Note verleiht. Die Straße vor dem Gotteshaus ist die **Säbener Straße,** zunächst einmal nur eine gutbürgerlich besiedelte, von Bäumen gesäumte und sehr lang gezogene Straße, die sich vom Wettersteinplatz bis fast zum Perlacher Forst erstreckt. Berühmt, in anderen Augen eher berüchtigt, ist sie allerdings als Hauptsitz und Trainingsgelände des **FC Bayern München 2.** Nach knapp 500 Metern Fußmarsch erreichen wir das sieben Hausnummern lange Refugium des deutschen Rekordmeisters (Fanladen inklusive). Zudem erstrecken sich noch 80.000 Quadratmeter bestens gepflegter Fußballfelder hinter dem Gebäudetrakt. An dessen Ende führt uns erst die Vinschgauer Straße nach rechts, dann der Karneidplatz ein kurzes Stück nach links und schließlich die Südtiroler Straße wieder nach rechts hinüber zur Grünwalder Straße. Wer es als Bay-

Auf dem Trainingsgelände des TSV 1860 München befindet sich auch der Fanladen der Löwen.

ern-Fan bis hierhin geschafft hat, wird vermutlich jetzt gerade noch die Straße überqueren können und dann rechts an der Tankstelle einen Kaffee trinken gehen, alle anderen (also Löwenanhänger und neutrale Fußballfreunde) werfen einen Blick auf das Trainingsgelände und das Verwaltungsgebäude (auch inklusive Fanladen) des traditionsreichen **TSV 1860 München 3.** Hier bei den Blauen ist alles ein wenig bescheidener dimensioniert als bei den großen Bayern – wohl auch entsprechend der unterschiedlichen Erfolge in den letzten nun schon gut 50 Jahren, als die fußballerische Wachablösung in der Landeshauptstadt so langsam einsetzte.

Zwischen Hauptgebäude und Parkplatz hindurch geht es dann nach links auf einen Fußweg, dem wir parallel zum

Wallfahrtskirche Sankt Anna

Auer Mühlbach eine ganze Weile folgen, bis er auf die Karolingerallee trifft und schließlich eine recht enge Kurve den Harlachinger Berg hinunterführt. In deren Scheitelpunkt wacht die kleine, in Weiß und Ockergelb getünchte **Wallfahrtskirche Sankt Anna** 4 über das Isartal. Ganz im Kontrast zum eher schlichten Äußeren präsentiert sich der prächtige Innenraum im Stile des Rokokos. Bekannt ist das Annakircherl aber vor allem für das Gnadenbild der Anna selbstdritt – eine Darstellung der heiligen Anna, deren Tochter und zugleich Gottesmutter Maria und des Jesuskinds –, das bereits um 1500 entstanden sein soll. Im Vorgarten der Kirche erinnert zudem ein von König Ludwig I. (1786–1868) im Jahre 1865 gestiftetes **Denkmal** an den Barockmaler **Claude**

Die Wallfahrtskirche am Harlachinger Berg ist eine von drei Annakirchen in München.

Lorrain 5, der europaweit vor allem die Landschaftsmalerei entscheidend prägte und eine Zeit lang in einem Schloss ganz in der Nähe gelebt hatte.

Dem Harlachinger Berg, von dem aus man schon die ersten Rufe exotischer Tiere hören kann, folgt die Siebenbrunner Straße, die schließlich in die Tierparkstraße übergeht. Hier liegt nach kurzer Strecke auch der sogenannte Flamingo-Eingang des **Tierparks Hellabrunn 6.** Dieser wurde bereits 1911 eröffnet und gilt seit 1928 als weltweit erster Geozoo, in dem die Tiere nicht nach Arten geordnet, sondern nach ihrer ursprünglichen geografischen Herkunft nach Kontinenten getrennt gehalten werden.

Der Flauchersteg (im Hintergrund) führt über mehrere Inseln hinüber zum Isarkraftwerk.

Die beeindruckenden Ausmaße der 40 Hek-

Isarkraftwerk und Flauchersteg

tar großen Anlage lassen sich erahnen, wenn wir der Tierparkstraße noch ein ganzes Stück weiter bis zur Isar und fast bis zur **Thalkirchner Brücke** 7 folgen, von der man übrigens einen schönen Blick auf die Isarauen hat. Beim Zebrastreifen am Isar-Eingang des Tierparks biegen wir dann nach rechts in die **Flaucheranlagen** ein. Der Fußweg leitet uns 200 Meter weit schnurstracks zum **Flauchersteg** 8, der über mehrere Inseln hinweg bis hinüber zum **Isarkraftwerk** 9 führt.

Hier beginnt der eigentliche **Flaucher** 10, der wie eine Insel zwischen Isar und dem Isarwerkkanal beziehungsweise Großen Stadtbach liegt und eigentlich schon zum Stadtbezirk Sendling gehört. Mittlerweile hat sich der Name „Flaucher"

aber auch für die angrenzenden Isarauen rundherum etabliert, die gerade im Sommer von grill-, trink- und badefreudigen Besuchern eifrig frequentiert werden. Hinter dem Mini-Biergarten „Schinderstadl" geht es dann rechts 400 Meter weiter in Richtung des großen **Biergartens „Zum Flaucher",** womit dann auch klar sein dürfte, woher dieses allseits beliebte Naherholungsgebiet seinen Namen erhielt: Wie beim Stachus in der Innenstadt (Spaziergang 2) und beim Harras in Sendling stand auch hier einst ein geschäftstüchtiger Wirt für die Ortsbezeichnung Pate.

Wir folgen dem Weg weiter bis zur **Brudermühlbrücke,** die als Teil des Mittleren Rings Sendling auf der linken Seite

Isarauen

Archiconvent der Templer

mit Untergiesing zur Rechten verbindet. Wir überqueren auf dem Gehweg die Brücke Richtung Untergiesing, wobei der Blick von oben auf die **Isarauen** für den meist doch recht dichten Verkehr und den Lärm zumindest ein wenig entschädigt. Am Ende der Brudermühlbrücke bleiben wir auf dem Fußweg parallel zum Mittleren Ring und betreten ein kleines Wäldchen. Nach etwa 150 Metern geht es nach rechts, dann nach ungefähr 250 Metern die dritte Abzweigung (bei den Tischtennisplatten) nach links, die uns direkt in die Ludmillastraße führt. Dieser folgen wir auch über die große Kreuzung mit der Schönstraße hinüber, bis nach rechts die Albrecht-Dürer-Straße abzweigt. Die nächste Straße links ist die Halbigstraße, an deren Ende rechts schon der **Archiconvent der Templer 11**, meist nur Templerkloster genannt, auf uns wartet. Ursprünglich stand hier lediglich die

Von der hektischen Stadt ist in den Isarauen nichts zu spüren.

Städtisches Stadion an der Grünwalder Straße

Beginn der Grünwalder Straße

Villa eines Münchner Unternehmers aus dem Jahr 1880, ehe diese seit dem Jahr 1968 zum Kloster umgebaut wurde. Stilprägend für das gesamte Gebäude ist der 67 Meter hohe Zwiebelturm. Im Kloster selbst finden tägliche Armenspeisungen und andere karikative Dienste für Bedürftige statt.

Aus der Halbigstraße biegt nach links die Straße Birkenleiten ab, die wir bis zu ihrem Ende – und über einen schmalen Weg in ein Wäldchen auch darüber hinaus – gehen, bevor der Paula-Herzog-Weg uns nach rechts und über den Auer Mühlbach führt. Von hier aus leitet uns der Oxnerweg hinauf zur viel befahrenen Candidstraße. Gleich rechts des Weges gehen Treppen hinauf zur Volckmerstraße und somit zur Südseite des **Städtischen Stadions an der Grünwalder Straße 12**, im Volksmund eher Grünwalder Stadion, Löwen- oder Sechzgerstadion genannt. Denn in der Tat war es der TSV 1860 München, der 1911 das Gelände hier „auf Giesings Höhen" als Sportplatz erst pachtete und 1922 schließlich auch kaufte. Ab 1925 gab es dann ein echtes Stadion, in dem neben anderen Münchner Vereinen bis 1972 übrigens auch der FC Bayern spielte. Trotz massiver finanzieller Probleme, diverser Auf- und Umbauten, verheerender Kriegszerstörungen, heftiger Sturm- und Brandschäden und immer wieder auch Protesten genervter Anwohner hat das Sechzgerstadion bis heute überlebt und ist immer noch fester Bestandteil des kollektiven Münchner Gedächtnisses – egal welchem Verein man die Daumen drückt.

Nach ein paar Metern die Grünwalder Straße nach rechts hinauf sind wir dann schon wieder am Wettersteinplatz und damit am Ausgangspunkt unseres Spaziergangs angekommen.

Blau gegen Rot

DIE FARBENLEHRE IM MÜNCHNER FUSSBALL

Die Geschichte ist bekannt: dass nämlich ein Obergiesinger Bub namens Franz Beckenbauer als Jugendspieler des – mit allem Verlaub – eher unbedeutenden Klubs SC 1906 München im Jahre 1959 zum FC Bayern und nicht zum TSV 1860 wechselte, weil er einmal von einem Gegenspieler der Löwen geohrfeigt worden war. Dass er damit aber später im Verbund mit Spielern wie Gerd Müller oder Sepp Maier auch die Wachablösung im Münchner Vereinsfußball einläuten sollte, das war damals wohl noch nicht abzusehen. Und während die Sechzger seit dem Gewinn der deutschen Meisterschaft 1966 ihren bewundernswert leidensfähigen Fans keine wirklich nennenswerten Triumphe mehr bescheren konnten, stieg der FC Bayern München seit den 1970er-Jahren zur dominierenden Mannschaft des deutschen Fußballs auf.

10 WESTPARK

Start/Ziel: Westpark (Klaiser Weg), 81377 München
(GPS: 48.118287, 11.515478)
Länge: ca. 6,5 Kilometer
Dauer: ca. 2,5 Stunden
ÖPNV: U-Bahn-Linie U6, Buslinie 63
Parken: Parkplatz Wirtshaus am Rosengarten (Westendstraße 305), City Parkplatz (Siegenburger Straße 65)

Unterwegs entdeckt:

1 Rosengarten
2 Westsee
3 Seebühne
4 Thailändische Sala
5 Nepalesische Pagode
6 Japanischer Garten
7 Chinesischer Garten
8 Bayerwaldhaus
9 Audi Dome
10 Mollsee
11 Café Gans am Wasser
12 Sardenhaus

Essen + Trinken:

Wirtshaus am Rosengarten, Westendstraße 305, 81377 München, Tel. 0 89/57 86 93 00, www.wirtshausamrosengarten.de
(rustikales Restaurant, Biergarten und Terrasse mit Blick auf den Park)

Kiosk am Wasserspielplatz, Westpark, Heiterwanger Straße 34, 81373 München
(bietet Kaffee und Kuchen sowie andere kleinere Leckereien)

Nestroy Garten, Nestroystraße 20, 81373 München, Tel. 0 89/7 60 13 55, www.nestroygarten.de
(bayerisch-kroatischer Küchenstilmix in der Kleingartenkolonie)

Im Westen nur Neues

Dass es in München einmal einen Stadtbezirk Sendling-Westpark geben würde, war historisch nicht unbedingt abzusehen – auch deswegen, weil es den Westpark vor 1983 noch gar nicht gab. Und ganz generell sah es auf der Fläche des heutigen Stadtbezirks 7 noch in den Nachkriegsjahren deutlich anders aus als heute, bis in den 1950er-Jahren eine rege Bautätigkeit einsetzte und sich die Bevölkerungszahl bis in die 1990er-Jahre verdoppeln sollte. Der knapp 70 Hektar große Park selbst entstand aus der Internationalen Gartenbauausstellung von 1983. Heute leben etwa 70.000 Menschen in seiner näheren Umgebung, beliebt ist der Westpark aber auch bei vielen Besuchern aus anderen Teilen der Stadt.

Wir beginnen unseren Spaziergang zunächst noch quasi mitten in Sendling, nämlich am Ausgang Klaiser Weg des U-Bahnhofs Westpark. Dem Klaiser Weg, einer kurzen Fußgängerzone, folgen wir dann nach Norden in die Reulandstraße, an deren Ende wir an einem kleinen Rondell vorbei den Westpark betreten.

Hier gehen wir auf dem Hauptweg erst einmal für knappe 300 Meter nach Westen und biegen dann an der Wegkreuzung nicht nach rechts zum See, sondern nach links in Richtung **Theatron** – einem kleinen Amphitheater – ab. Diesem gegenüber liegt eine breite begehbare Anhöhe, die wir umrunden und dabei zunächst an einer kleinen Kneippanlage und dann an den drei Riesenrutschen für Kinder vorbeikommen. Am Rutschenberg rechts vorbei führt der Weg weiter in Richtung **Biergarten,** zu dessen Füßen sich ein ausgedehnter Staudenbereich befindet, und dann zum liebevoll angelegten **Rosengarten 1,** der glücklicherweise auch genügend Sitzgelegenheiten bietet, um die rund 500 verschiedenen Arten einmal ganz in Ruhe zu betrachten. Die beste Zeit dafür ist der Frühsommer ab Ende Mai, doch die meisten Blüten halten sich bis in den August hinein.

Rosengarten

Vom Rosengarten begeben wir uns an einem Modell des sogenannten **Hoch-Wiesen-Hauses** von Friedensreich Hundertwasser und dem Bürgergarten vorbei hinunter an das Ufer des **Westsees 2,** an dessen nördlichster Stelle sich die **Seebühne 3** befindet, ein weiteres, doch deutlich größeres Amphitheater. Und zu einem Sommer im Westpark gehört mittlerweile auch schon fest das Freilufterlebnis „Kino, Mond und Sterne", das in der warmen Jahreszeit ein bunt gemischtes Angebot an Kinofilmen eben hier auf der Seebühne präsentiert. Wir werfen noch einen Blick auf die **Wasserwand,** eine Installation eines Wasserfalls direkt auf dem See, und betreten dann den asiatisch gestalteten Teil des Westparks, der aus damals eigens für die Gartenbauausstellung angelegten einzelnen Nationengärten besteht.

Im Rosengarten des Westparks sind über 500 Arten zu bewundern.

Aus einem kleineren See ragt dabei zunächst eine neun Meter hohe **thailändische Sala 4** empor – ein offener farbenprächtiger Pavillon, in dessen Mitte eine Buddha-Statue auf einem Sockel thront. Die geweihte Statue ist ein 1994 geschaffenes Werk des Holzbildhauers Noppadol Khamlae und war das erste freistehende Heiligtum seiner Art in ganz Europa.

Von Thailand geht es flugs hinüber nach Nepal: Auf einer kleinen Anhöhe gegenüber der Sala befindet sich schon recht eingewachsen eine original **nepalesische Pagode 5** mit ihren charakteristischen Dachvorsprüngen und kunstvollen Schnitzereien – lediglich das witterungsbedingt eingefügte Fensterglas entspricht dann nicht mehr so ganz dem typisch ostasiatischen Baustil.

Die nepalesische Pagode war auch Teil der Nationengärten während der Internationalen Gartenbauausstellung im Jahr 1983.

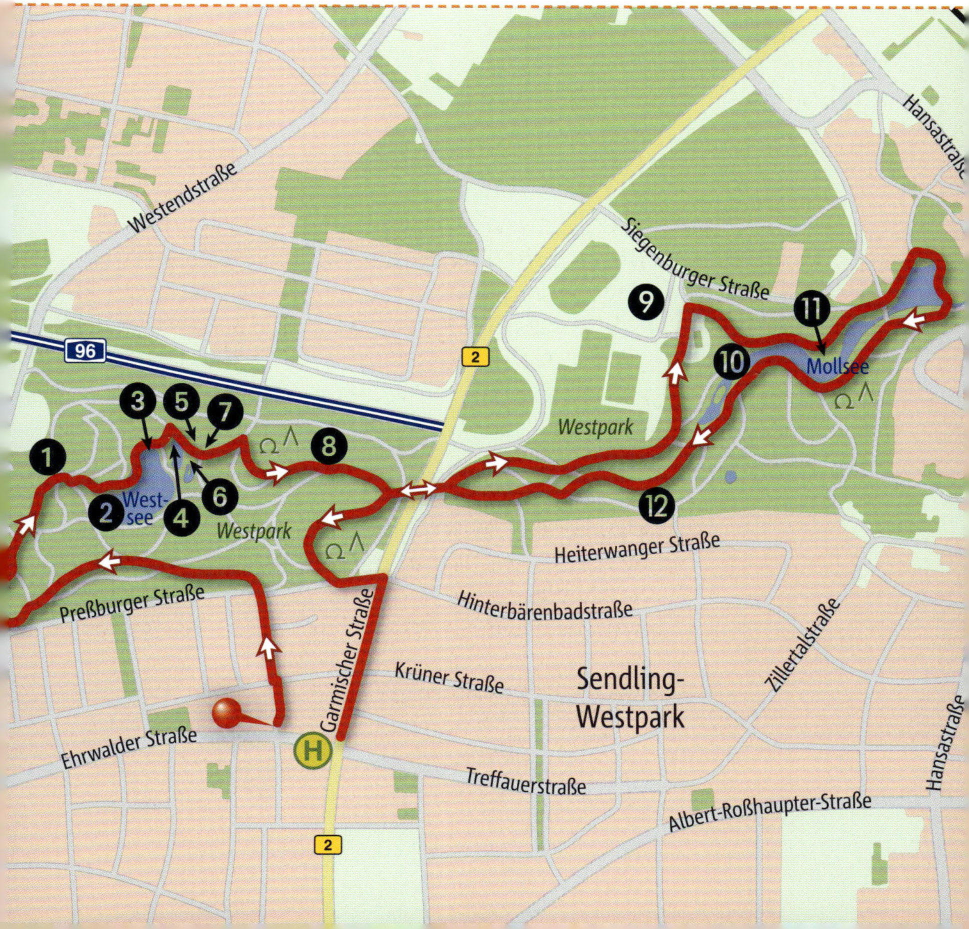

Thailändische Sala

Nepalesische Pagode

Über den Fußweg hinüber schließt sich in südlicher Richtung der **japanische Garten 6** des Westparks an. Die Anlage war ein Beitrag der Münchner Partnerstadt Sapporo – diese trug 1972 die Olympischen Winterspiele aus, während München ja die Sommerspiele veranstaltete – und verbindet unterschiedliche Stile japanischer Gartenbaukunst. Über den gerne und reichlich von wahrscheinlich urbayerischen Enten bevölkerten Teich führt ein langer Steg mit einer breiten Plattform an dessen Ende. Gegenüber setzt ein kleines Teehaus hierzu einen gelungenen Kontrapunkt.

Der lang gezogene Steg ist das Herzstück des japanischen Gartens.

Rechts von der Pagode und etwas oberhalb des japanischen Gartens schließt sich als letztes Element des Ostasienensembles noch der **chinesische Garten 7** an. Ein kleiner Rundweg soll sowohl den Verlauf der Jahreszeiten als auch den Lebensweg des Betrachters versinnbildlichen. Dabei strahlen die Architektur wie auch die Bepflanzung rund um

Japanischer Garten

Chinesischer Garten

起雲

Bayerwaldhaus

den kleinen Teich eine solche Ruhe aus, dass man nur vom reinen Sitzen und Schauen leicht einmal die Zeit vergessen kann.

Das Bayerwaldhaus mit seinem Bauerngarten setzt mitten in der Stadt einen dörflichen Kontrapunkt.

Was aber andererseits auch wieder schade wäre, warten im Westpark doch durchaus noch weitere Sehenswürdigkeiten auf den geneigten Spaziergänger. Am chinesischen Garten vorbei folgen wir zunächst wieder dem nun etwas ansteigenden Fußweg, um nach etwa 80 Metern nach rechts abzubiegen, von wo uns ein weiter Bogen erst am **Historischen Garten** vorbei und schließlich zum **Bayerwaldhaus** 8 mit seinem traditionellen Bauerngarten führt. Das 1747 geschaffene Bauernhaus stammt zwar aus Münchner Sicht ebenfalls recht weit aus dem Osten, hat aber durch seinen Ursprung im

Bayerischen Wald – genauer gesagt im Museumsdorf in Tittling – zumindest kulturell einen wohl doch noch etwas näheren Bezug zur Landeshauptstadt.

Ein Stück weiter gelangen wir unter der Installation **Raumbogen** hindurch – oder auch einfach seitlich daran vorbei – auf die Brücke über den Mittleren Ring, die in den Ostteil des Parks führt. Beide Fußwege an deren Ende bringen uns von hier dann schließlich zu einem breiten Hauptweg. Kurz bevor dieser uns ans westliche Ufer des Mollsees führt, biegen wir links ab in Richtung eines Biergartens – genauer gesagt ist es der beliebte **Hopfengarten,** der neben allerlei Biergartenspezialitäten auch häufiger mal mit Livemusik aufwartet.

Am Mollsee liegt das Café Gans am Wasser.

Dem Hopfengarten gegenüber liegt der sogenannte **Audi Dome 9,** die wegen ihrer gekachelten Aluminiumfassade sehr futuristisch wirkende Heimstatt der Basketballabteilung des FC Bayern München. Ursprünglich wurde die runde Sport-

Mollsee

Kunstwerk „Arche Noah"

halle als Basketballstadion für die Olympischen Spiele 1972 gebaut, ehe sie – seit 1974 unter dem Namen Rudi-Sedlmayer-Halle, nach einem Präsidenten des Bayerischen Landes-Sportverbandes – als Austragungsort für die verschiedensten Sport-, Messe- oder Konzertveranstaltungen diente. So fand hier beispielsweise 1983 auch der Eurovision Song Contest statt (Moderation: Marlène Charell), nachdem die Sängerin Nicole im Vorjahr nicht nur den Wettbewerb an sich, sondern gleichzeitig auch das „Heimrecht" für Deutschland gewonnen hatte.

Auch die „Arche Noah" hat im Westpark festgemacht.

Über die Rückseite des Hopfengartens setzen wir unseren Spaziergang fort und gelangen an das Nordufer des **Mollsees 10**, wo sogleich ein Gesamtkunstwerk namens **Café Gans am Wasser 11** auf uns wartet. Von Konzerten über Puppentheater für Kinder bis hin zu Yogastunden bietet das Café in einer Art Zeltlager-atmosphäre seinen Besuchern immer etwas Besonderes – und das eben direkt am Ufer des Sees. Wir folgen dem Weg weiter zu dessen nordöstlichstem Punkt, der mit einem kleinen Hafen für Modellboote aufwartet. Auf der gegenüberliegenden Wiese besuchen wir noch kurz das Kunstwerk **Arche Noah** von Steffen Schuster, das mit seinen Tierskulpturen aus Lärchenholz lediglich auf den ersten Blick nur für Kinder geschaffen zu sein scheint.

Wir umrunden den Mollsee und halten uns dabei eine ganze Weile immer am Ufer, bis sich fast wieder am Ende des Sees hinter einem Hügel der Weg teilt. Links geht es zum Wasserspielplatz des Parks und zu einem kleinen Imbiss, wir halten uns aber rechts, dann nach knapp 150 Metern wieder links und kommen so am **Sardenhaus** 12 vorbei, einem rustikal-mediterranen Flachbau, in dem auch immer mal wieder kleinere Kunstausstellungen stattfinden.

Der Fußweg führt uns wieder zur Brücke über den Mittleren Ring und so in den Westteil des Parks zurück. Wir halten uns links und gelangen in einem weiten Bogen schließlich an den Ausgang in der Preßburger Straße, der wir für etwa 80 Meter nach links bis zur Garmischer Straße folgen. Diese begleitet uns dann noch ein gutes Stück nach rechts, bis wir schließlich wieder am U-Bahnhof Westpark angelangt sind.

Sendlinger DREIERLEI

Das historische Sendling – dessen Bezeichnung sich wohl von einem alten Germanen namens Sentilo oder Sendilo herleitet – ist der einzige Ort in München, der sich in gleich drei Namen von Münchner Stadtbezirken wiederfindet. Da wäre zum einen der Stadtbezirk 6 „Sendling", der sich aus Untersendling und dem Sendlinger Feld zusammensetzt. Westlich davon liegt der Stadtbezirk 7 „Sendling-Westpark" mit seinen Stadtteilen Mittersendling, Land in Sonne und Am Waldfriedhof. Und zu guter Letzt darf auch Obersendling als Bestandteil des etwas umständlich betitelten Stadtbezirks 19 „Thalkirchen-Obersendling-Forstenried-Fürstenried-Solln" nicht fehlen – bei dem sich bei der Namensgebung zumindest niemand übergangen fühlen dürfte.

11 OLYMPIAPARK

Start/Ziel: Olympiazentrum, 80809 München
(GPS: 48.178590, 11.556464)
Länge: ca. 5 Kilometer
Dauer: ca. 2,5 Stunden
ÖPNV: U-Bahn-Linien U3 und U8, Buslinien 173, 180
Parken: Parkhaus Olympiazentrum (Helene-Mayer-Ring 3), Parkharfe Olympiapark (Sapporobogen)

Unterwegs entdeckt:

1 Olympisches Dorf
2 Erinnerungsort Olympia-Attentat München 1972
3 Olympiastadion
4 Olympiahalle
5 Olympia-Schwimmhalle
6 Olympiasee
7 Olympiaberg
8 Schuttblume
9 Olympiaturm
10 BMW Welt
11 BMW Museum
12 Vierzylinder

Essen + Trinken:

Olympia Alm, Martin-Luther-King-Weg 8, 80809 München, www.olympiaalm.de
(Münchens höchstgelegener Biergarten am Olympiaberg)

Restaurant Olympiasee, Spiridon-Louis-Ring 7, 80809 München, Tel. 0 89/3 50 94 85 50, www.restaurant-olympiasee.de
(Schauküche und Selbstbedienung am Fuße des Olympiaturms)

EssZimmer by Käfer, Am Olympiapark 1, 80809 München, Tel. 0 89/3 58 99 18 14, www.feinkost-kaefer.de/esszimmer-muenchen
(feinste Münchner Sterneküche im 3. Stock der BMW Welt)

Schneller, höher, grüner

Dass München heute tatsächlich nicht nur die Weltstadt mit Herz, sondern auch mit einer im Großen und Ganzen doch recht verlässlichen Infrastruktur und international bekannten Sportstätten ist, hat es nicht nur, aber zumindest auch den Olympischen Sommerspielen von 1972 zu verdanken. Welchen Modernisierungsschub die Vergabe der Spiele der gesamten Stadt verliehen hat, lässt sich heute nur mehr erahnen – zu sehr haben sich sowohl die alteingesessenen Münchner als auch die zahlreichen seitdem Zugezogenen mittlerweile an ihr „neues" München gewöhnt, das seit Mitte der 1960er-Jahre Gestalt annahm. Viele Infrastrukturprojekte wie die Schaffung eines umfassenden S- und U-Bahn-Netzes waren zwar schon vorher angedacht, doch gab das Großprojekt Olympia dann schließlich auch einen konkreten Zeitplan vor, was der Realisierung dieser Mammutaufgabe sicher nicht schadete. Im Vordergrund standen aber natürlich hier auf dem Oberwiesenfeld im Münchner Norden – eingebettet in großzügige Grünanlagen – jene architektonisch so einzigartigen Sportstätten mit ihrer typischen Zeltdachkonstruktion, zu denen sich in unmittelbarer Nachbarschaft schließlich auch ähnlich spektakuläre Bauten des Autobauers BMW gesellen sollten.

Unser Rundgang beginnt nördlich des eigentlichen Olympiaparks zwischen dem Busbahnhof an der Lerchenauer Straße, unter dem auch die U-Bahn-Station Olympiazentrum liegt, und der mehr als futuristisch anmutenden BMW Welt. Über den Brundageplatz – wie viele Orte auf dem Gelände nach einem ehemaligen olympischen Sportfunktionär benannt – führt ein breiter Fußweg einen kleinen Hügel hinauf. Von hier lässt sich zur Rechten ein weiter Blick auf das **Olympische Dorf 1** werfen. Ursprünglich gebaut für die Sportlerinnen und Sportler der Spiele von 1972 ist das „Olydorf" heute eine höchstbegehrte Wohngegend. Und dies gilt für die mittlerweile sanierte Bungalowsiedlung (1972 das „Frauendorf", heute Heimstatt für Studierende) ebenso wie für die Hochhäuser, deren Funktionalität die nicht unbedingt einladende äußere Anmutung für ihre Bewohner wohl mehr als wettzumachen scheint.

Olympisches Dorf

Das Olympische Dorf ist auch heute noch eine beliebte Wohngegend.

So friedlich das unter sogenanntem Ensembleschutz stehende Olympische Dorf heutzutage wirkt, so wenig lässt sich seine Geschichte von jenem 5. September 1972 trennen, der erst die Entführung und in der Nacht dann die Ermordung von elf israelischen Sportlern brachte. Von diesem Ereignis, das in der Connollystraße des Olympiadorfes seinen Anfang nahm, kündet auch der etwas bürokratisch betitelte **Erinnerungsort Olympia-Attentat München 1972** 2 (oder etwas einfacher und künstlerischer auch „Einschnitt" genannt), der in einer überdachten, nach drei Seiten offenen Halle auf Gedenktafeln und großflächigen Monitoren die Geschehnisse unter anderem mit Original-Fernsehberichten von damals illustriert. Folgt man dem Weg ein Stück weiter in Richtung Brücke zu den olympischen Wettkampfstätten, stößt man darüber hinaus auch auf das **„Klagebalken"** betitelte Denkmal des deutschen Bildhauers Fritz Koenig, das in hebräischer Schrift die Namen der getöteten israelischen Geiseln sowie in lateinischer Schrift den Namen des beim Befreiungsversuch ums Leben gekommenen deutschen Polizisten trägt.

Die breite Brücke über den viel befahrenen Georg-Brauchle-Ring eröffnet uns zunächst den Blick auf und schließlich auch den Eingang in den eigentlichen Olympiapark. Die weltberühmte Zeltdachkonstruktion aus Acrylglas und Stahl – entworfen u. a. vom Architekturbüro Behnisch & Partner sowie von Frei Otto – geleitet den Besucher auf den Coubertinplatz und direkt zu den drei bekanntesten Sportstätten des Parks.

Das Olympiastadion ist immer noch eines der schönsten Stadien weltweit.

Morgenstimmung im Olympiapark

Das **Olympiastadion** 3 auf der rechten Seite beherbergte während der Spiele die Leichtathleten und die Fußballer. Danach war es bis zur Eröffnung der Allianz Arena draußen in Fröttmaning im Jahr 2005 die Heimstatt des FC Bayern und zumindest zeitweise auch des TSV 1860 – bekanntermaßen mit unterschiedlichem Erfolg. Und natürlich fanden auf dem grünen Rasen auch internationale Fußballspiele statt wie etwa das Finale der WM 1974. Heute dient das noch immer viertgrößte Stadion im Land – das der Besucher nicht wie bei anderen „Arenen" erklimmen muss, sondern in das er aufgrund dessen Tallage quasi hinuntersteigt – in erster Linie als Veranstaltungsort für meist deutlich kleiner dimensionierte Sportveranstaltungen und trotz seiner nicht immer idealen Akustik auch für allerlei Konzerte. Manche davon finden im Sommer sogar parallel zu anderen großen Musikereignissen in der zweiten bedeutenden Veranstaltungsstätte am Coubertinplatz statt – der **Olympiahalle** 4. Hier wurden 1972 Turnwettbewerbe und Handballspiele ausgetragen. Seitdem wird die Halle für weitere Sportveranstaltungen, aber eben auch für Konzerte aller Art genutzt: Den Anfang machten übrigens Deep Purple im Jahre 1973.

Thematisch dann doch etwas eindimensionaler präsentiert sich schließlich der dritte Veranstaltungsort am Platze: die **Olympia-Schwimmhalle** 5. Denn diese ist und bleibt ein simples Hallenbad. Wenn auch eines, in dem es dem US-Amerikaner Mark Spitz 1972 gelang, gleich sieben olympische Goldmedaillen zu erringen und dabei gleichzeitig sieben neue Weltrekorde aufzustellen – um dann direkt nach den Spielen mangels Steigerungsmöglichkeit folgerichtig mit erst 22 Jahren zurückzutreten.

Unterhalb der Olympia-Schwimmhalle schmiegen sich die Zuschauerplätze der **Theatron-Seebühne** wie in einem Amphitheater an das Ufer des **Olympiasees** 6 und machen den Olympiapark im Sommer zu einer riesigen Freilichtbühne.

Vom Coubertinplatz geht es vorbei am Olympiastadion auf dem Rudolf-Harbig-Weg über eine Brücke auf die andere Seite des Olympiasees, bevor nach ca. 50 Metern links der

Skulptur „Schuttblume“

Martin-Luther-King-Weg in einigen Spitzkehren auf den höchstgelegenen Ort des ganzen Parks führt – den **Olympiaberg 7**. Dieser Aussichtspunkt ermöglicht nicht nur einen weitschweifenden Blick auf das gesamte Olympiagelände, sondern auch auf die von hier aus nicht allzu fern wirkende Innenstadt und sogar auf die Alpen – wenn das Wetter mitspielt und die Körperlänge des Betrachters ausreicht, um über die in der wärmeren Jahreszeit doch in recht stattlichem Grün stehenden Baumkronen zu blicken.

Die Schuttblume erinnert auf dem aus Weltkriegstrümmern aufgeschütteten Oberwiesenfeld an die Opfer des Bombenkriegs.

Verlässt man den gepflasterten Ausguck wieder und geht nach wenigen Metern erst links und dann gleich wieder rechts, führt eine kleine Serpentinenstrecke auf einen der Hauptwege, dem man nun erst nach rechts und dann wieder nach links folgt, bis auf der gräsernen Anhöhe eine zwar auffällige, aber auf der weiten Wiese immer auch ein wenig verloren wirkende Skulptur erscheint: die sogenannte **Schuttblume 8** des Bildhauers Günter Behnisch. Sie soll an die weltweiten Opfer von Luftangriffen – nicht nur auf München – während des Zweiten Weltkriegs erinnern. Und dies eben gerade an einem Ort wie dem Olympiagelände auf dem Oberwiesenfeld, das ja zu großen Teilen aus den Trümmern der Münchner Innenstadt aufgeschüttet wurde.

Wir folgen unserem ursprünglichen Weg, bis wir an einer Kreuzung schließlich wieder nach rechts in den Martin-Luther-King-Weg einbiegen und von dort an einem Spielplatz vorbei Richtung Olympiasee – der hier eigentlich nur mehr ein Olympiakanal ist – gelangen. Die Brücke hinüber führt auf den Platz vor dem bereits 1967 fertiggestellten **Olympia-Eissportzentrum,** das nach den Spielen von 1972 diversen Münchner Eishockeyvereinen als Heimstadion diente.

Zwischen der sogenannten **Soccarena** und dem 2006 eröffneten **Sea-Life-Aquarium** hindurch geht es auf den Willi-Daume-Platz und von dort wieder an das Ufer des Olympiasees. Hier trifft man – in Anlehnung an das große Vorbild in Los Angeles – auf den **Munich Walk of Stars.**

Und während Künstler wie Bryan Adams oder P!nk bereits auf beiden Kontinenten ihre Handabdrücke in Beton verewigt hatten, blieb diese Ehre etwa den Kastelruther Spatzen oder Helene Fischer bisher exklusiv für München vorbehalten.

Nicht schwer zu finden ist die nächste Attraktion des Parks: Den exakt 291,28 Meter hohen **Olympiaturm 9** kann man nicht einmal mit Absicht übersehen. Wobei der Name „Olympiaturm" eigentlich ein wenig in die Irre führt, folgte die Grundsteinlegung für das Bauwerk doch schon am 10. August 1965 – und somit ein Dreivierteljahr vor der Vergabe der Spiele nach München. Somit musste der Turm dann quasi in das Gesamtkonzept miteingeplant werden – was offensichtlich aber ganz gut gelang, gilt er doch seit dieser Zeit nicht nur als Symbol des Olympiaparks selbst, sondern sogar der gesamten Stadt München. Das Gebäude beherbergt in luftigen Höhen sowohl das sich in einer knappen Stunde um sich selbst drehende **Restaurant 181** – was wenig verwunderlich die Meter über Grund angibt – als auch eine Besucherplattform mit dem laut Eigenwerbung „höchsten **Rockmuseum** der Welt" und einem kleinen Café.

Der Olympiaturm ist mittlerweile ein echtes Wahrzeichen der Landeshauptstadt geworden.

Folgen wir nun dem Weg wieder zurück in Richtung Sportstätten, ergibt sich rechts bald eine Abkürzung in Richtung Fußgängerbrücke: einmal die Treppen hinunter zum Eingang der unterirdisch gelegenen und 2011 eröffneten **Kleinen Olympiahalle,** die ihre „große Schwester" in Sachen Veranstaltungen ergänzen soll, und dann wieder die Treppen hinauf in den Lillian-Board-Weg, der schließlich erneut per Brücke wieder auf die andere Seite des Georg-Brauchle-Rings führt.

Unübersehbar baut sich hier zur Rechten die spektakulär angelegte **BMW Welt** **10** auf, deren Rückseite wir schon vom Start unseres Rundgangs kennen. Nach der Brücke suchen wir uns einen offiziellen oder nicht ganz so offiziellen (sprich: Trampelpfad) Weg hinunter auf den Gehweg entlang der Südseite der BMW Welt und stehen schließlich vor dem Portal des monumentalen Gebäudes – das für die einen wie eine riesige gestauchte Eieruhr aussieht, während andere sich durch den Doppelkegel eher an ein gestrandetes Raumschiff erinnert fühlen. Die BMW Welt ist nicht nur ein Auslieferungszentrum für Neufahrzeuge, sondern auch ein Museum und ein Ort für kulturelle Veranstaltungen. Und sich dem Zusammenspiel aus Architektur, Technik und (Industrie-)Kultur gänzlich zu entziehen, dürfte sogar Menschen, die sonst mit Automobilen nicht allzu viel anfangen können, zumindest nicht ganz leichtfallen.

Überqueren wir die Lerchenauer Straße direkt oder nutzen dafür die lange, schmale Fußgängerbrücke vor der BMW Welt, gelangen wir hinüber zum **BMW Museum** **11.** Wie bei vielen bedeutenden Gebäuden fand sich auch hierfür in der Bevölkerung schnell eine spöttische Beschreibung: In der „Salatschüssel" wird die geschichtliche Entwicklung des bayerischen Fahrzeugbauers aufgezeigt, aus der Luft oder vom Olympiaturm aus ist auf dem Dach das riesige BMW-Logo auszumachen.

In jedem Fall auch vom Boden aus zu erkennen – nämlich von jeder Himmelsrichtung einmal – lässt sich das bekannte schwarz-weiß-blaue Logo am BMW-Verwaltungsgebäude, dem sogenannten **Vierzylinder** **12,** der hinter dem

BMW Museum und Vierzylind

Das BMW Museum und der Vierzylinder sind zu eigenen architektonischen Ikonen geworden.

Museum liegt. Die architektonische Besonderheit dieses Gebäudes, das längst ebenfalls zu einem Wahrzeichen der Stadt München geworden ist, besteht darin, dass jeder der vier „Zylinder“ nicht etwa auf dem Boden steht, sondern an jeweils einem Arm der riesigen Stahlbetonrohre in deren Mitte hängt – ein Zustand, der den Betrachter in Anbetracht dieses riesenhaften Hauses immer ein wenig ungläubig zurücklässt.

Über den Platz vor dem BMW Museum geht es schließlich zurück zur BMW Welt, dessen östliche Fassade an der Lerchenauer Straße uns wieder zum Ausgangspunkt dieser Rundtour zum Busbahnhof beziehungsweise zur U-Bahn-Station Olympiazentrum geleitet.

Triumphe TROTZ TRAUER

Das Olympia-Attentat überschattete die vielen großartigen sportlichen Leistungen, die es bei den Spielen von 1972 natürlich auch gegeben hatte: Neben den sieben Goldmedaillen von Mark Spitz blieben gerade aus Sicht der gastgebenden Bundesrepublik vor allem die Goldmedaille der Weitspringerin Heide Rosendahl, der Triumph des Speerwerfers Klaus Wolfermann und der Überraschungssieg der erst 16-jährigen Ulrike Meyfarth im Hochsprung im Gedächtnis. Sportgeschichte schrieb aber auch das olympische Basketballfinale der Männer, das erstmals nicht die Mannschaft aus den USA gewann: Sie musste den Titel nach einer hochumstrittenen Schlussphase und einem Endstand von 50:51 an die Sowjetunion abgeben.

12 SCHLOSSPARK NYMPHENBURG

Start/Ziel: Schloss Nymphenburg, 80638 München
(GPS: 48.158265, 11.503700)
Länge: ca. 4,5 Kilometer
Dauer: ca. 2,5 Stunden
ÖPNV: Tramlinien 12 und 17, Buslinien 51 und 151
Parken: Parkplätze am Schlossrondell und am Schlossgartenkanal

Unterwegs entdeckt:

1 Ehrenhof
2 Großes Parterre
3 Amalienburg
4 Badenburg
5 Apollotempel
6 Große Wasserkaskade
7 Pagodenburg
8 Magdalenenklause
9 Botanischer Garten
10 Schlosscafé im Palmenhaus
11 Museum Mensch und Natur
12 Marstallmuseum

Essen + Trinken:

Schlosswirtschaft Schwaige, Schloss Nymphenburg 30, 80638 München,
Tel. 0 89/12 02 08 90, www.schlosswirtschaft-schwaige.de
(bayerische Gemütlichkeit in ansprechendem Ambiente)

Canal Grande, Ferdinand-Maria-Straße 51, 80639 München,
Tel. 0 89/32 60 92 90, www.canalgrande-ristorante.de
(gehobene italienische Küche am Schlosskanal)

Königlicher Hirschgarten, Hirschgarten 1, 80639 München,
Tel. 0 89/17 99 91 19, www.hirschgarten.de
(Traditionsgaststätte mit dem größten Biergarten der Stadt)

Adel verpflichtet

Es ist wahrlich kein Schloss wie jedes andere. Allein die Ausmaße von Nymphenburg sprechen für sich: Über 600 Meter weit streckt sich der Gebäudekomplex von Nord nach Süd. Und bevor der geneigte Besucher das gewaltige Schlossensemble aus der Nähe betrachten kann, wird er zunächst einmal recht langsam an diese Aufgabe herangeführt. Auf 1,5 Kilometern Länge begleiten die beiden Auffahrtsstraßen einen damals eigens angelegten Kanal, der mit Wasser aus der Würm in Pasing gespeist wird, bis zum vorgelagerten Schlossrondell. Hinter den Prachtbauten der reichlich unbescheidenen Sommerresidenz der Wittelsbacher legt der Mittelkanal dann noch einmal schnurgerade fast dieselbe Strecke bis zum Ende des ihn umgebenden Parks zurück. Und ist somit auch immer eine ideale Orientierungsmarke auf unserem letzten Münchner Spaziergang durch den weitläufigen Schlosspark Nymphenburg.

Unsere Erkundungstour beginnt auf dem **Ehrenhof** **1** des Schlosses Nymphenburg vor dem Mitteltrakt aus dem Jahre 1675. Das Gebäude im Stile italienischer Landhausvillen war der Ausgangspunkt der gewaltigen Anlage und im Paket mit großflächigen Ländereien ein standesgemäßes Geschenk des Kurfürsten Ferdinand Maria (1636–1679) an seine in Turin geborene Gattin Henriette Adelaide von Savoyen. Anlass für diese Großzügigkeit war die Geburt des gemeinsamen Sohnes, des späteren Kurfürsten Maximilian II. Emanuel (1662–1726) – wegen der Farbe seiner Uniformjacke als erwachsener Regent auch gerne der „Blaue Kurfürst" genannt. Dieser erweiterte das Schlösschen, das ursprünglich von den italienischen Baumeistern Agostino Barelli und später Enrico Zuccalli gestaltet worden war. Ab dem frühen 18. Jahrhundert kamen unter der Leitung Zuccallis und seines Landsmanns Giovianni Antonio Viscardi die Galerien und die Seitenpavillons hinzu. Im weiteren Verlauf übernahm ab 1715 der in Dachau geborene Hofbaumeister Joseph Effner mehr und mehr die Regie, baute das Schloss und den dazugehörigen Park aus und verlieh der gesamten Anlage einen eher franzö-

Wasserfontäne im Großen Parterre

sisch anmutenden Stil. Zwischenzeitlich war sogar einmal angedacht, die Schlossanlage während der Regentschaft des in vielerlei Hinsicht recht glücklosen Kurfürsten Karl Albrecht (und späteren Kaisers des Heiligen Römischen Reiches Karl VII., 1697–1745) als Ausgangspunkt einer ganz neuen Stadt („Carlstadt") zu etablieren – eine Idee, die sich nicht zuletzt auch aus finanziellen Gründen irgendwann wieder zerschlagen hatte.

Im Inneren des Schlosses geben 21 Räume einen epochenübergreifenden Einblick in die Schaffenskunst der damaligen Architekten und Künstler. Vor allem der über ein Doppelgeschoss reichende **Steinerne Saal,** der die Handschrift von Johann Baptist Zimmermann und François de Cuvilliés

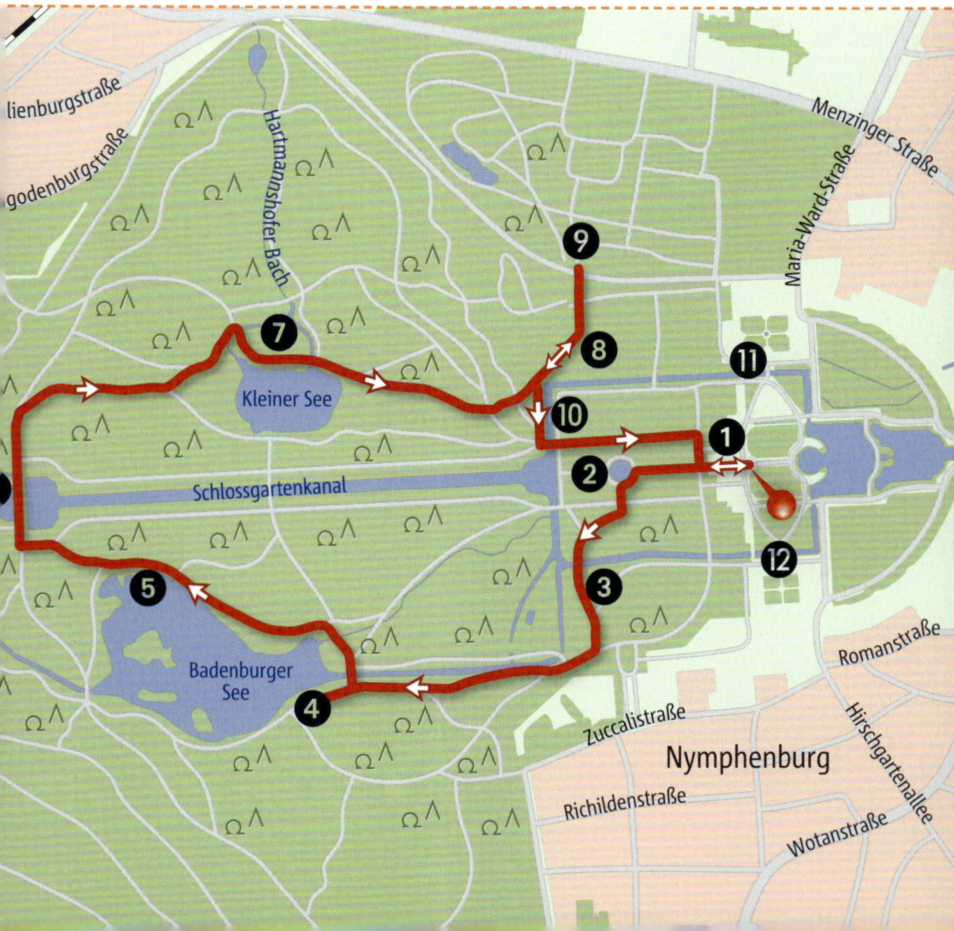

dem Älteren trägt, ist in seiner Pracht mehr als beeindruckend. Im Deckengemälde des Saales ist der olympische Götterhimmel dargestellt und zeigt in einer Szene die Huldigung der Göttin Flora durch Nymphen, wie auch Flora selbst einst eine war. Diese Darstellung spielte dabei wohl bewusst auf den Namen des hochherrschaftlichen Hauses an.

Vom Hauptgebäude zieht sich ein breiter, von allerlei Statuen gesäumter Weg von der Freitreppe durch das **Große Parterre** 2 mit seiner auffallenden Wasserfontäne in der Mitte. Wir biegen an dieser Fontäne nach links ab und betreten das Wäldchen auf der Südseite des Parks. Denn entgegen des landläufigen Bildes des Nymphenburger Schlossparks als

reinem Ziergarten mit seinen wie mit dem Zirkel gezogenen Beeten und Blumenrabatten besteht der Park zu einem Großteil aus bewaldeten Flächen und doch recht wilder Natur – in dem Maße, wie ein künstlich angelegter Park eben „wild" sein kann. Den eher rustikalen Teil des Schlossparks verdanken wir übrigens seit Anfang des 19. Jahrhunderts Friedrich Ludwig von Sckell, seines Zeichens auch einer der Verantwortlichen für die Anlage des Englischen Gartens.

Hier im Wäldchen jedenfalls führt uns gleich am Anfang ein unbefestigter Weg nach rechts in Richtung **Amalienburg 3,** eine von mehreren Parkburgen, die sich die Hochwohlgeborenen neben dem Hauptschloss noch erlaubten.

Nymphenburger Schlosspark

Badenburg

Das Jagd- und Lustschlösschen, das Karl Albrecht für seine Gemahlin Maria Amalia ebenfalls nach Plänen von de Cuvilliés errichten ließ, präsentiert sich von außen noch verhältnismäßig schlicht, doch entfaltet es in den Innenräumen seine ganze Pracht im Stile des europäischen Rokokos mit dem imposanten Spiegelsaal als zentralem Raum.

Gebadet wurde natürlich nicht im See, sondern in der Badenburg.

Wir folgen dem Weg weiter, biegen dann nach rechts ab und begleiten den kleinen Kanal vor uns auf dessen linker, also südlicher Seite. Auf der anderen Seite sehen wir das kleine **Dörfchen** mit dem Brunnwärterhaus, dem Grünen Brunnhaus und dem Hirschgartenbrunnhaus, verantwortlich für einen Teil der Pumpanlagen für die Wasserspiele im Park. Der Fußweg führt uns weiter an den Badenburger See, benannt nach der am Ufer errichteten **Badenburg** **4**. Hier beeindrucken vor allem die filigranen Stuckaturen und das farbenprächtige Deckenfresko im Festsaal, aber auch der mit kunstvollen holländischen Kacheln ausstaffierte Badesaal.

Ein paar Meter müssen wir zurückgehen, um den Kanal zu überqueren. Wir folgen dem Weg an der Skulptur des griechischen Hirtengottes **Pan** vorbei und dann nach links am

Seeufer entlang. Hier treffen wir auf einer Halbinsel auf den **Apollotempel 5**, einen Monopteros mit zehn korinthischen Säulen. Wie auch der Rundtempel im Englischen Garten stammt er von Leo von Klenze.

Wenn wir dem Weg weiter nach rechts, also vom Seeufer weg, folgen, gelangen wir schließlich zur **Großen Wasserkaskade 6** am Ende des Mittelkanals. Von hieraus verläuft eine direkte Sichtachse zurück zum Schloss.

Nach der Kaskade gehen wir erst ein kurzes Stück geradeaus, biegen dann den zweiten Weg nach rechts und folgen diesem, bis es wieder nach rechts zur **Pagodenburg 7** geht. Auf relativ kleinem, achteckigem Grundriss zeigt sich eine Art Mini-Schloss, das im Erdgeschoss über dem schachbrettartigen Fußboden ganz in Weiß-Blau gehaltene Kacheln und ein in ebendiesen Farben gehaltenes Deckenfresko zeigt. Im Obergeschoss gibt es drei Räume, wovon besonders der Chinesische Salon und das Chinesische

Der Apollotempel am Ufer des Badenburger Sees entstand nach Plänen von Leo von Klenze.

Apollotempel

Kabinett durch ihre außergewöhnliche Farbgebung und Gestaltung hervorstechen.

Die künstliche Ruine der Magdalenenklause liegt etwas versteckt im Norden des Parks.

Zunächst noch am Ufer des Sees entlang begeben wir uns allmählich wieder grob in Richtung des Schlosses, gehen dann bei den nächsten Wegkreuzungen dreimal geradeaus und gelangen so nach einer Weile zur **Magdalenenklause 8.** Dieses nur zum Teil verputzte und etwas verwahrlost wirkende Gebäude wurde von Joseph Effner bewusst als künstliche Ruine angelegt und sollte den Eindruck einer Einsiedelei erwecken, in der die Besucher Abstand von der schnöden Welt der täglichen Adelsgeschäfte nehmen konnten.

Direkt im Norden der Magdalenenklause liegt der Zugang zum **Botanischen Garten 9.** Bereits 1812 wurde in München die erste derartige Grünanlage eröffnet, die damals noch in der Innenstadt nördlich des Stachus lag – und noch immer liegt, auch wenn sie heute nur noch als normaler Park genutzt wird. Hier in Nymphenburg gedeihen nun auf einer Fläche von etwa 21 Hektar rund 16.000 verschiedene Pflanzen. Wenigstens einen Bruchteil davon zu entdecken, wäre eigentlich fast schon wieder Aufgabe genug für einen eigenen Spaziergang.

Magdalenenklause

Wir gehen über die Magdalenenklause wieder zurück und nehmen an der ersten Kreuzung nun den Weg nach links, der uns erst an einem Querkanal entlang- und schließlich erneut nach links hinüberführt. Hier wieder am Großen Parterre angelangt, flanieren wir noch vorbei am **Schlosscafé im Palmenhaus** 10 und an weiteren Pflanzenhäusern bis zum Nördlichen Kabinettsgarten – der auch noch ein südliches Pendant am anderen Ende des Hauptschlosses hat – und verlassen den Park dann durch den Mittelbau, um uns schließlich auf dem Ehrenhof wiederzufinden. An dessen nördlichem Ende befindet sich noch das sehr anschauliche **Museum Mensch und Natur** 11, eine auf den ersten Blick auf Kinder ausgerichtete Sammlung, die aber auch Erwachsenen so manchen neuen Einblick in die Naturgeschichte eröffnen dürfte. Am südlichen Ende des Hofs erwartet den neugierigen Besucher dann noch das **Marstallmuseum** 12 zusammen mit der „Sammlung Bäuml", einer Zusammenstellung einzigartiger Nymphenburger Porzellane (im ersten Stock). Das Marstallmuseum residiert in den ehemaligen südlichen Kavaliersgebäuden, also den Stallungen, und ist vor allem durch seine einmalige Kutschensammlung berühmt.

Auf LANGE SICHT

Deutlich älter als Schloss Nymphenburg ist das nordwestlich gelegene Schloss Blutenburg in Obermenzing, der Nachfolgebau einer ehemaligen Wasserburg, die wohl noch aus dem 13. Jahrhundert stammte. Im Spätmittelalter wurde die Anlage dann durch Albrecht III. (1401–1460), Herzog von Bayern-München, ausgebaut. Zwischen den beiden Schlössern bestand einmal eine Sichtachse über eine Entfernung von 3,5 Kilometern, die heute allerdings so nicht mehr existiert. Schloss Blutenburg ist unter anderem Sitz der Internationalen Jugendbibliothek und der mit dieser verbundenen Erich Kästner Gesellschaft.

IMPRESSUM BILDNACHWEIS

Bildnachweis
Alle Fotos: Marko Roeske, außer: S. 62: © Alta.C – stock.adobe.com; S. 100: © Andy Ilmberger – stock.adobe.com; S. 102: © nedomacki – stock.adobe.com; S. 103: © Anselm Baumgart – stock.adobe.com; S. 128: © M(e)ister Eiskalt – Eigenes Werk, CC BY-SA 3.0, https://commons.wikimedia.org/w/index.php?curid=33353574; S. 160, 162/163, 164, 165, 166 © Bayerische Schlösserverwaltung, www.schloesser.bayern.de (Fotos: Marko Roeske)

Die Deutsche Nationalbibliothek verzeichnet diese Publikation in der Deutschen Nationalbibliografie; detaillierte bibliografische Daten sind im Internet über http://dnb.d-nb.de abrufbar.

Konzeption / Gestaltung / Satz: Droste Verlag, Düsseldorf
Einbandgestaltung und Illustrationen: Britta Rungwerth, Düsseldorf
Karten: Thorsten David, Bochum
Druck und Bindung: LUC GmbH, Greven

FSC® www.fsc.org
MIX
Papier aus verantwortungsvollen Quellen
FSC® C011279

ISBN 978-3-7700-2211-3
www.drosteverlag.de